無いない尽くしの
社労士人生
その将来《さき》に描くモノ

小牧社会保険労務士事務所代表
小牧義昭
KOMAKI YOSHIAKI

幻冬舎MC

無いない尽くしの社労士人生　その将来《さき》に描くモノ

目次

前書き

平成3年6月2日、私は自宅の小さな部屋を事務所の拠点として〝小牧社会保険労務士事務所〟を開業した。28歳の船出であった。この頃の情勢は、バブルが崩壊し、都心では不動産投資などによる影響が出始めていた。しかし、地方では景気が後退したという意識は無く、その影響が及ぶには至っていなかった。

当時、私は会社に勤務しており、毎月一定の給与を享受していた。処遇は、極めて悪いものではなかったが、私の満足し得る環境ではなかった。そのため、社労士資格取得の勉強を始めた。仕事や育児をしながら資格取得の勉強を行うことは非常に厳しかったが、家族の支えもあり、約2年かけて資格取得に至った。

その後も会社員として勤務を続けたが、会社員という収入の安定した環境の中で「自身が持つ力を存分に発揮したい」「より多くのお金を自分の手で稼ぎたい」「雇用される立場ではなく、誰かを雇用する立場になりたい」とそのような感情が沸々とマグマのように燃え滾り、自身のさらなる可能性を追求したいという思いが募り、溢れ出した。決断を下すことに躊躇していた私の背中を、妻が最後の一押しをしてくれたことにより、長年勤めていた会社を退職することに決めた。

開業資金は、退職金を充て、失業保険を当面の生活の糧としようと考えていた。当時、中小零細企業は、給与を手計算で行っていたのである。しかし私は、社労士の主な仕事である「給与計算」に新しさを追求するためには、PCが必要だと考えた。PCは非常に高額ではあったが、退職金で購入してしまった。結果として、開業資金の不足に貯蓄を切り崩すことになった。

その後、失業保険の申請をするために、知人が勤めている公共職業安定所を訪ねた。社労士の資格取得ができたため、開業することを伝えた。すると「おめでとうございます。独立ですか……頑張ってください。開業されるとせっかく雇用保険料をかけてこられたのに失業手当は受給できませんね」と彼に告げられてしまった。失業保険の受給は求職活動中の生活を保護するものであり、求職活動を行わず、開業しようとしている私は、受給対象者ではないことをすっかり失念していた。自身のさらなる可能性を求めて会社を退職し、開業することを決めたが、開業することによって、失業手当を受給できない。失業であれば、受給できていた90日分の失業保険を今後の生活費に充てようと考えがそもそも愚かであった。生活プランの再設計の再考を余儀なくされて、途方に暮れることになった。

格好よく決断し、頑張ろうと自身を鼓舞したけれど、仕事は無い・顧問先も無い・お金も無いという無いない尽くしであり、私の手元に残ったのは時間と家族の愛情だけであった。「この先どうすればいいのか」そんな自問自答から私の社労士人生は始まった……。

当時、社労士資格は、国家資格であるにもかかわらず、実際にどのような仕事をしているのか知られていないほどに知名度は低く、知る人ぞ知るといった存在であった。そのため、「社労士業で独立開業し、成功・そして夢のような高収入！」といった所謂ノウハウ本は出版されていなかったと記憶している。令和3年6月を目前とし、「小牧社会保険労務士事務所」は開業30年目にあたる年度に突入する。これを機に、社労士業を糧として生きてきた人生の学びとこの生業に携わる同業者、関係者、そして何より今を生きる喜びを求めている人々の何らかのきっかけになればと思い、この書籍の執筆に至った。

まず、第一に「これまでの社労士人生で得たものとその先に何を見つけたのか」を伝えたい。

人は、皆この世に生を受け、幼少期、青年期を経て、社会人となる。そして、その過程で幾時も決断と選択を迫られたことであろう。その時々で決断できるかどうかは、育てられてきた環境に左右されるのではないだろうかと考える。私はこれまでの人生の中で、何度もその決断を行ってきた。人にとって決断は、覚悟が必要であり、苦悩を強いられるものである。それでも、選択をしなければならない時、何を選択するのか、この本が決断を下す手伝いのきっかけの1つになればよいと思う。

法治国家である日本は、法律や倫理によって、自由が奪われている。奪われているというと聞こえは悪いが、奪われることによって、自由が与えられていると言えるのである。社会人となり、親から自立し、いずれは家庭を作るかもしれない。そうすると、そこには互いが互いを守るという小社会が形成される。その小社会は、地域社会という自治体で形成されている。

例えば、その小社会に子どもが誕生するとしよう。その場合、その地域社会には、産婦人科や小児科のある病院が必要になるだろう。そしていずれは、保育園あるいは幼稚園、学校といったものが必要となってくる。しかし、これらは、その地域社会に暮らす人にとって必要なものであるが、1人で建設することはできない。

だから、私たちは税金を支払い、その媒介である自治体を通して、利用している。私たちが安心・安全で豊かな暮らしをするためには、自治体の健全なる運営は必須なのである。私は自治体の健全なる運営を目指すべく、一度は政治の世界に入った。そこで見た世界をできる限り多くの人に共有してほしい。そして、私利私欲のみのためだけでなく、利他公益のことを考え見直してほしいと思う。

第二に、「現在の社会環境・経済環境下で、これから社労士を目指す人や独立・開業する人はどのような気構えが必要なのか。また、既に開業社労士として様々な課題や問題に直面している人が注意すべき顧問先や顧問先の従業員の問題について」実践を基に伝えたい。

いつの時代でも、開業することの難しさは変わらない。しかし、時代は常に変化し続け、その変化に対応し得るものを求めている。その変化にいち早く気づき、その時代に求められているものに対応できるかどうかが事業継続の可否を決めているように感じる。

それに気づけるかどうかは、その人の持つ感性である。では、今の時代が求めているものは何だろうか。私は、「人に関係する仕事」ではないだろうかと感じる。これは日本だけではなく、世界のあらゆる人々が「人」に関係する仕事ができる人材を求めている共通事項だと思う。

具体的には、社労士・弁護士・医師・教師など管理や支援を行う専門家のことである。「経営の3資源＋Ｏｎｅ」という言葉を知っているだろうか。経営の3資源は、「人・物・お金」である。そこに新たなＯｎｅを足すと「人・物・お金＋情報」という考え方に至る。

「大量消費材を製造してお金を回してきた時代」「大量のお金を回すことでお金を獲得してきた時代」「情報を多く収奪することでお金を獲得してきた時代」

「人を安く雇用することでその利益を得てきた時代」すべては、資本主義論理の中でのお金の収奪手段である。今後もこの傾向は続くのであろう。

一方で、新型コロナウイルスの感染により、各国共通して大きな経済的影響を受けた。国は経済と生命を天秤にかけ、どちらも大切ではあるが、「生命無くして経済無し」と緊急事態宣言を発出し、経済を一時的に停止させた。生命を優先させて選択したが、停止した経済的影響により、自殺者は増加している。人に対する様々な環境の対応に関心が高まっていることは紛れもない事実であろう。

そして、人のライフサイクルの中で、一番従事する時間が多いのは労働である。その管理や支援を行う専門家として、社労士の仕事は、国内外かかわらず、必要とされ、国民から要求されることになるだろう。

社労士の未来は、明るく、広大な無限の可能性がある。そのために、世界に通用する社労士を目指してもらいたい。困難な壁はいくつもあるが、その度に、壁を越えてきた私は、「困難ではあるが、不可能ではない」と考える。

最後に、「経営者が雇用という分野で直面する課題や問題についての対応策と、これからの時代にどのようなスタンスで臨めばいいのか」を伝えたい。

近年、経営者から従業員の雇用について、多種多様な相談が増えている。雇用を取り巻く法律制定・施行や改訂が目まぐるしく、もう会社を閉めてしまいたいといった悲鳴まで届いている。最低賃金法の賃金額改定は毎年行われ、会社の利益が出なくなったり、赤字に転じたりする企業も多く、直接経営に影響している。福利厚生制度に関する法律改正もそうである。

例えば、厚生年金法の改正により、保険料負担額がその都度上昇し、引き下がることはない。直接人件費と間接人件費が年々増加し、経営を圧迫してくる。それでなくとも経営者は、会社の設立時に多くのリスクを背負い、開業を行う。

国税庁が発表している企業生存率では、株式会社は30年でその99・79％が倒産している（平成30年5月時点）。つまり、30年後には、ほぼ1社も残っていないということである。生き残るのは奇跡に近いということをもっと多くの人が知るべきではないだろうか。

第二次世界大戦が終結し、日本は敗戦国となった。町は焼け、生活は戦前と一変した。しかし、昭和25年の朝鮮戦争の特需により昭和26年頃には景気が回復してきた。所謂「高度経済成長」への突入である。景気回復の根底にあったのは、良質で安い労働力と余剰農業労働力や炭鉱離職者の活用ではなかっただろうか。経営者の理念や精神に師事したい気持ちや生活のために厳しい労働に耐えながら、精神を磨き、技術を磨き、一人前の大人として認められるように努力し、敗戦のどん底からこの国の再繁栄期を築きあげてきたのは、高度経済成長期を支えてくれた世代である。仕事をすることそのものがライフスタイルであり、仕事が人間を育ててくれていたと考えていた世代である。

しかし、時代の移り変わりと共に今は、自身の利己的欲求を中心に据えて、ドーナツのようにその周りに自身の生活環境と取り巻く社会環境の一つに会社を置くというふうに変化してきた。変化自体について、善し悪しは人それぞれの考え方があると思う。しかし、この考え方の違いが、現代社会の職場環境に様々な問題を引き起こしている。

経営者は、このような考え方の従業員が大半を占めるのであれば、自身の考え方を見直さなければならない。高度経済成長期を支えた世代が引退し、考え方の異なる世代が現在の労働力を担っている今、考え方を見直すことも1つの方法である。「昔とは違う」それは、いつの時代も言われ続けてきたことである。

丁髷をしていた時代から長髪へと変わり、着物からスーツへとファッションも随分と変わった。女性は家事と育児を行い、家を守るものとされていた考え方も、今では女性が就業していることは当たり前となっており、女性が会社を設立し、業務を行っている会社も多くある。その時々の大衆思想が常識を変えてきた。常識は常に変化し続けている。頑なに昔の常識を押し付けようとする経営者では、今後生き残っていくことは難しいだろう。

しかし、すべての考え方を改める必要はないと考える。見直すところは見直し、継承するものは継承する。言葉で言うことは簡単であるが、実際に行動に移すとなると経営者はその判断の狭間に立つことになる。そんなジレンマを解消することはできないのであろうか。今までの経験から、経営者が求めるものにどこまで柔軟に対応できるかが肝である。このような多様性に対する感性と普遍性に対する探究心から導き出す答えは開業当時から変わらない私の姿勢の１つである。

第1章

社労士を糧としてきた人生の振り返りと
さらなる挑戦のために必要なこと

第1節　お金との出合い

昭和38年3月、私はこの世に生を受けた。山村の農家で少しの田んぼと山があり、家の前には車1台通ることができるかどうかの幅しかない道路がある小さな田舎町で育った。湿度が高く、冬は厳冬であり、豪雪地帯であった。当時、この町はちりめんの生産地として栄えていた。人には厳しい気候であったが、ちりめんの生産地としては適していたのだろう。時代の流れとともに現在は衰退してしまったが、ちりめん街道という栄えた名残が残っている。当時は旦那と呼ばれる気位の高い、所謂「富裕層」が各地域で見られた。絹から製造される反物は煌びやかであり、その価値は高く、収益源の最たる高付加価値の代物であった。生産された反物は染められ、全国各地に販売された。

小学3年生頃のことである。祭の露店を見に出かけた。そこに飾られた品々はどれも輝いて見えた。それらは、とても興味深く、欲しいという気持ちでいっぱいになった。しかし、親にねだって買ってもらうには気が引けてしまい、唇をかみしめ我慢した。買うにはお金が必要だ。どうすればお金を手に入れることができるのか、このことをきっかけに、考えるようになった。

小学4年生になった頃、友人が新聞配達をして小遣いを稼いでいると耳にした。新聞配達であれば、早朝に配り、その後に登校すればよい。私は、そんな方法があるのかと驚愕すると同時にものすごく興味を惹かれた。

私は、さっそく親に相談することなく、新聞配達のアルバイトを始めた。小学校まで徒歩で毎日片道2・6キロメートルあり、朝7時15分には通学しなくてはならなかったため、毎朝6時から7時までの1時間で新聞を配達し終えなければならなかった。配達は20件ほどであったが、小さな田舎町であったため、5キロメートル前後の距離があり、自転車を漕いで配達した。1か月のアルバイト料は1500円程度であっただろうか。それでも、初めて自分で稼いだお金というものに強く感動した。この仕事は天気の良い日ばかりであればよいが、そうはいかず、雨の日も雪の日も風の強い日も毎日続き、休むことは許されない。当たり前だが、新聞を待っている人がおり、その人はお金を支払って購入している。その人たちにとって、働く側の事情は関係無い。

ある日、「こんな新聞読めるか!」といった苦情が入った。雨の強い日は新聞が濡れないようにナイロンで包み、ポストに投函していたが、強風と強い雨に打たれて、ポストまで濡れてしまい、新聞はずぶ濡れとなっていたようだ。1枚めくるのにそぉっと湿った味付けのりをめくるかの如く掴み上げるものの、びりびりと溶けるように裂けてしまったとのことだった。苦情の内容は正当性があった。今、私が同様の新聞を受け取ったならば、その人と同じように感じるだろう。しかし、当時はそこまで理解が及ばず、「せっかく配達したのに」と唇をかんで悔しさを忍んだものである。この出来事をきっかけにお金を支払う側と貰う側の関係を学ぶことになった。

冬のある日、玄関を開けると腰のあたりまで雪が積もっていた。冬の朝は、外が真っ暗であり、雪はしんしんと降り続けていた。ジャンパーに合羽を重ね着て、手袋をつけ、懐中電灯を持って雪をかき分けながら、いつも新聞を置いてくれているところに向かった。しかし、そこには新聞が無かった。やむを得ず、小学校近くの新聞屋まで行くことにした。

するとと大雪により、新聞が遅れているとのことだった。新聞屋の中で少し待つことになり、新聞屋のおばさんが「寒いのによう来たな、頑張り屋さんだね」と、大きな八朔を2玉くれた。その後、配達する新聞と八朔と懐中電灯を持ち、帰路に向かった。外に出ると、足跡は既に雪によって消されており、辺り一面が真っ白だった。行きと同じように腰で雪をかき分けながら進むが、体が非常に重たかった。行きとは異なり、新聞と新聞屋のおばさんから貰った八朔2玉が増えているのである。おばさんの好意は非常に嬉しかったが、両手で持つ大きな八朔と新聞は、雪の冷気は手をこわばらせ、動かせなくさせた。

その時、前方に光が見えた。家を出発してすぐに母親が追いかけてきた明かりだった。その時の母親の形相を見て、相当心配をかけていたことを自覚した。小学生の私が得られた金額は高額ではなかったものの、少しの貯金ができた。

中学校に進学後、新聞配達のアルバイトは辞めた。そして、バレーボール部に入部し、ひたむきに部活動に励んだ。その生活の中で先生や先輩に対する礼儀を徹底的に教示いただいた。高校に進学後、中学時代の先輩から高校でもバレーボールをやらないかと入部の勧誘を1年以上にわたって受けた。しかし、長期休暇をアルバイトに費やしたかったため、帰宅部のグループに所属し、文化系の化学部と放送部に入部した。

高校では春季休暇・夏季休暇・冬季休暇と3年間に9回の長期休暇があり、春季休暇には紋工屋で紋紙の下準備の色付け作業と魚屋を掛け持って働いた。紋工屋では、じっと座ってする作業と1ミリ角マスに色を付ける細かい作業だったため、ここでは集中力と根気強さを学ぶことができた。魚屋では、加工したものを紙で包み、購入者に手渡すという至って単純な作業しかさせてもらえなかった。魚を捌くには熟練の高等技術を要し、形・格好の違う色々な魚を扱っていたため、任せてもらえないのは当然であった。しかし、私は負けず嫌いの性格のため、そのことはとても歯痒く、調理方法や素早く3枚におろし、刺身に仕上げる方法など、その手際の良さを間近で見て覚えた。結局、そこでは単純作業しかやらせてもらうことはできなかったが、今でも魚料理ができるのはここでの経験が生きている証であろう。

夏季休暇は休暇の中でも一番休暇期間が長かったため、給与のいい鋳物屋で働いた。夏という季節柄、暑いのは当然のことだが、溶鉱炉から出てくる真っ赤に溶けた鉄は顔や体に灼熱の熱波を浴びせるため、途轍もなく暑かった。砂で固めた型に次々と注ぎ込まれる真っ赤な液体は1日を過ぎるとカチカチの鉄の塊となり、型枠から外された。何に使うのか分からない形状の塊のバリを外し、そのバリと周辺をきれいにグラインダー掛けした。安全靴に皮手袋、防塵マスクを身に着け、大きいものもあれば小さいものもあるグラインダー掛けは肉体的にとてもきつかった。この鋳物屋での仕事は友人と2人でアルバイトに行った。

朝から夕方まで1日8時間の労働であり、昼休憩に弁当を食べた後、みんなで昼寝をする習慣となっていた。作業着の汗が乾くとグラインダーで飛び散った鉄粉が赤く染まり、それが午後からの仕事の始まりの合図だった。仕事が終わるとそこには風呂が用意されていたため、毎日着替えを持っていき、友人と2人で入った。仕事終わりの風呂がなんて気持ちの良いものかと感動したことを覚えている。

鋳物屋での仕事は、主に肉体労働だったため、体が悲鳴を上げる日もあったが、より良い経験をする機会を与えてもらった。経営者や従業員の方たちには、安全面やその管理、従業員の調和の必要性など、仕事を繰り返し行うことによって教示いただいた。給与面でも、1か月で8万円から9万円程度の給与を得ることができた。

その後、私と友人は稼いだ金額を元手に九州旅行に出かけた。大阪南港から宮崎・指宿・鹿児島へ旅ができる喜びを感じた。当時、友人と「経済的に厳しいのであれば、資格を取り、それを生活の糧にしよう」と考え、その後、税理士試験を目指し始めた。税理士試験は簿記検定試験2級の合格、そして1級を合格すれば受験資格が与えられた。社労士資格を目指していたのではないかと疑問を感じた人もいるであろうが、当初は税理士資格の取得を目指していたのである。簿記検定試験2級は取得できたものの、1級の合格には至らず、受験資格を得られないまま高校を卒業した。卒業後は、会社に就職し、仕事をしながら大学に通う道を選んだ。同じ頃に、私の背中を押してくれることになる妻と出会った。この出会いが私の人生を大きく変えることになった。

第2節　人生の選択

結婚後にも税理士資格を目指して勉強していたが、ある日、会社の上司から社労士と呼ばれる国家資格があることと、その後に開業している事務所があることを聞いた。

当時は、妻共々会社員として就業していたが、2人で働いてやっと生活できるほど生活は苦しかったため、生活の糧となる資格であれば、取得しても損にはならないと思い、挑戦することにした。

軽い気持ちで始めた資格取得の勉強だったが、この勉強がなんと難しいことか……。聞いたことも無い専門用語を前に用語の理解から始めなければならなかった。勉強時間は、早朝と45分間の昼休み、帰宅後を充てて1日約7時間確保したものの、1年目は不合格という結果だった。

もし、2年間勉強しても不合格になったら、「所詮そこまでの実力しかない男だったのだ」と腹をくくり、もう1年頑張ることに決めた。

早朝、勉強をしていると長男がよちよち歩きで起きてきて、騒ぐこともなく、こたつの周りを伝い歩きしていたのを覚えている。幼いながらに父親が勉強をしている姿を見て、応援してくれているのではないかと感じ、より一層頑張ろうと自分を鼓舞した。2年目の勉強は何かに取り憑かれたかのように励み、ほとんどテレビも見なかった。

平成元年4月に長女が生まれた。

そして、その年に社労士試験に合格した。

26歳の10月のことである。

同年7月の社労士試験はものすごく暑い日だった。試験会場にエアコンの設置は無く、タオルや扇子、飲み物の持ち込みは許されていたが、午前中に1時間半、午後から3時間半という長時間の試験は集中力を削いでいった。受験者で埋まった教室の中をぐるりと見渡し、この中で合格をするのは1人か2人なのだと改めて実感し、絶対に成し遂げてやると自分を奮い立たせた。

試験が終わった時には、試験勉強の終わりと確実に合格したという自信に満ちた満足感でいっぱいだった。私は清々しい気分で家族の待つ家へと向かった。この時の気持ちは今でもしっかりと覚えている。

一方、仕事はどうなっていたかというと、2年間の勉強と並行して、任せてもらえる仕事も増えていた。

上司に金融取引について手取り足取り教示いただき、金融機関からの借入れの仕方や小切手・手形の取り扱いなど会計業務を任せてもらえるまでとなっていた。社労士試験を受験する際、上司や同僚に相談することは無かったが、昼休みも勉強に充てていたため、何か察せられている部分もあろうと思い、社労士試験に合格したことを報告した。

上司はおめでとうと喜んでくれたが、その顔色はどうにも冴えなかった。その後、会社の社長には「おめでとう。これからも精進して頑張れ」と喜んでもらうことができた。

私はその言葉がとても嬉しかった。その後も仕事の業務量と責任は少しずつ増えながら経験を積んでいった。翌年4月に、私は会社の昇給時期であったことも鑑み、給与を上げてほしいと嘆願した。しかし、会社は「1年待ちなさい。それから調整するから」という判断だった。

確かに、資格を取得したからといってそれだけを査定の材料とするには厳しいものがあったと思う。資格をもってそれを経営に活かし、会社の理念や社会的要請に対して貢献出来たのか、そして会社の生命線である必達利益に到達出来たのかによって評価されると、今では理解することができる。

しかし、当時はそこまでの考えに至らず、苦い気持ちでいっぱいだった。社労士資格を取得し、上司に報告した時に上司の顔色が冴えなかったのは、資格取得をしても会社からすぐに評価をされるわけではないと理解していたからに違いないだろう。

若さゆえの先行はこれまで何度も行ってきた。しかし、すぐに会社を辞めるという選択をすることは、「仕事を行っている社会的な責任」、「家族を守るという家長としての責任」から許されなかった。

その結果、会社のいう通り1年待ち、今後どうするのか結論を出すことに決めた。そして、この1年間で吸収できうるありとあらゆる技術や知識を増やすことに専念した。我慢の1年が過ぎ、28歳の4月を迎えた。1年間の熟考の上、下した答えが「他の世界を見よう」「自分の力を試してみよう」というものであった。

一定の恵まれた環境の中にいれば、そのまま安定した変化のない生活を送ることができただろう。

しかし、自分の力を試したいという感情をこれ以上抑えることができなかった。唯一、心を過《よぎ》ったのは家族のことである。妻と2人の子どもがおり、翌年にはもう1人増えるのである。

このような不安定な生活に巻き込んでもいいものだろうか、挑戦したい気持ちがあるけれど……と決断を躊躇していた時、妻が「やりたいならやってみたら？」と私の背中を押してくれた。

後《のち》に妻は「やりたいならやればいいし、止めたところでやりたいことはやりたい人だから」と子どもと話していた。妻は私の性格を熟知していたのであろう。熟考の上の決断に反対はしなかった。ここで留まる事こそ自分に許される選択ではなかったのである。

この妻の一言が私の決断を断固なものとし、改めて覚悟が決まった。

第3節　無いない尽くしからのスタート

私の開業は、仕事は無い・顧問先も無い・お金も無いという無いない尽くしから始まった。28歳という若さだけが武器であり、経営に関する経験や知識といったビジネスに関する資産は持ち合わせていなかった。

一般的に独立開業と聞くと既に開業されている事務所で就業し知名度を上げながら、仕事のやり方から経営に至るまでの勉強と並行して独立資金を貯めてから行うのれん分けや既に開業されている事務所の後継者として後を引き継ぐといったものを想像すると思う。

士業として広く認知されている弁護士業と同様に、開業社労士になるまでに勤務社労士として一定規模の社労士事務所で就業しながらスキルを磨き、満を持して独立を行う場合が多い。

士業には14の業種があり、そのうち8士業と呼ばれる「戸籍・住民票など職務上必要な場合に請求権が認められている」業種がある。それらが、弁護士・弁理士・司法書士・税理士・海事代理士・社労士、その他に中小企業診断士、公認会計士である。これらの国家資格所持者は、国家資格の資格認定が法的に担保されるとともに、その多くにおいては独占性が法的に守られている。つまり、資格を所持しないものがこれらの業務を行い対価として金銭などの報酬を受け取ることを禁止しており、仮に業務を行うとそれぞれの法律により罰せられることとなる。

しかし、独占性があるとはいえ、資格を持っていれば仕事が降って湧いてくるというわけではない。弁護士は国民の大半に知れ渡っており、税理士は経営者の大半に知れ渡っているだろう。しかし、他の資格はそれほど認知されていない。

知名度の高低差は非常に重要なものであり、それによってその資格を生活の糧とすることができるのかどうかが決まるのである。時間と労力をかけ、資格を取得し、独立したとしても生活が成り立たないのであれば、会社で就業し、一定の収入を得ていた方が安全である。社労士業を含む全ての士業は自分のスキルだけで勝負する業種である。営業・主たる社労士業・会計などをすべて1人で行わなければならない。

仕事の内容は士業それぞれ異なるが、単発取引と継続取引の2種類の取引が存在する。例えば、単発取引の場合、就業規則の作成だけお願いしたいという依頼があったとする。作成には相当の期間を要するが成果としては1つであり、完成と報酬を引き換えに依頼は終了する。助成金の申請だけお願いしたいという依頼も同様である。

これに対し継続取引とは、企業と顧問契約を交わし、労務管理全般を管理することによって、継続的に顧問料の受け取りがあり、毎月一定の固定収入を得られるということである。

社労士の業務は経営に携わる従業員の労働関係法令に基づく各種手続き代行代理である。士業の中でも個人または会社（経営者）と反復継続して取引が発生する士業は弁護士・税理士・社労士が該当する。この3士業は顧問契約という継続取引ができるといった特徴があり、顧問契約先を確保することによって、毎月一定の固定収入が決まる。

しかし、この顧問契約に至るまでのプロセスは、非常に時間と経費、精神力を使う。社労士は、「会社経営における労務管理の専門家であり、労働関係諸法令に関する法律を遵守しつつ、顧問企業の経営の安定・向上とそこに携わる従業員の福祉の向上に寄与すること」を業務として対価を得る士業なのである。顧問料を毎月得るためには顧問契約を結んでもらうことのできる会社を掴まなければならない。しかし、これには営業能力が試され、至難の業だった……。

私は、毎日1日あたり30件相当の飛び込み営業を繰り返し行った。他の社労士事務所での就業経験や実績がないため、今後顧問先になりうる会社や経営者に認知してもらうことが出来なかった。また営業を行うことは初めてで、所謂「営業ノウハウ」を持っていなかった。そのため、新入社員さながら来る日も来る日も飛び込み営業を行い、名前を知ってもらうことから始まった。しかし、なかなか話を聞いてもらうことができず、怒鳴られて追い出されることも数知れずの日々が続いた。

そんな時、知人が「顧問先を紹介してあげるから来なさい」と声をかけてくれた。実際に訪問してみると、「就業規則で困っていて、作成をお願いしたい」との依頼であった。

私が士業で営業をしていることを聞いて、関心を抱き、会社の就業規則の作成を私に託してみるとのことだった。これが社労士として独立した私の最初の仕事である。感謝してもしきれないぐらい有難く、本当に嬉しかった。知人はさらにもう1社紹介してくれて先程と同じ業務を任せてもらえることになった。その後、継続取引の顧問契約を結んでもらえる運びとなった。

感謝の思いでいっぱいになると同時に、会社の根幹部分を託されたという責任の重みを背負うことになった。継続取引は、少なからず最短で1年、その後も継続していくのが前提の契約である。しかし、顧問先が1社から3社では家族を養っていくことは到底できない。生活していくためには少なくとも数10社との顧問契約が必要となる。託してもらうことができた業務をしっかり行うことは当然の上、並行して営業を行わなければならないことに酷く恐怖を感じた。せっかく私に託してもらったけれど、その期待に応えることができるのかなど、様々なプレッシャーが体と精神を襲ってきた。

29歳の6月には3番目の子どもが誕生する。

ますます頑張らなければならないと気持ちばかりが焦っていった。

当時私は喫煙者であったが、吸っていた煙草の量は次第に本数が増え、ある朝、心臓に異変を感じた。一番忙しい朝から妻の車に乗り、病院へ駆け込んだ。特に心配はないと医者に告げられ、安心する一方でこれまで外傷で病院へ行くことはあっても内臓疾患で病院へ行くことはなかったため、胸騒ぎがした。

それでも特に仕事や生活の仕方を変えることなく、毎日プレッシャーと戦っていたが、その後血尿が出た。これには、流石に肝が冷えた。今後どうなるのだろうかと自分の体に疑問を持ちながら、再度病院を受診することになった。

幸いなことに肉体的・精神的な疲れによるものとの診断であり、「体調を整えながら頑張ってください」と医師から助言を受けた。しかし、日々のプレッシャーが急に無くなるということは無く、精神的疲労から崖から落ちる夢を何度も繰り返し見た。

元の会社員をしていた生活に戻ろうかという葛藤と悪夢に心が折れそうになった。それでも心が折れなかったのは、家族がいたからだろう。「守らなければならない者がいる」「家族の笑顔がそこにある」それだけが、心の支えであった。そんな状況から5年くらい経過した頃、肉体的にも精神的にも安定するようになった。それは何とか生活していけるようになったからだろう。結局、収入の安定がプレッシャーの緩和に必要だったのである。

生活が安定するまでに私の場合は5年くらいかかったが、他の人はもっと早く安定するのかもしれない。しかし、私が苦しんだ5年という過程は士業の独立にかかわらず、事業を始める人は避けては通れない道だと思う。だからこそ、自分だけが特別だったわけではなく、ただ開業や事業を始める人の参考になればと思い、先んじて開業した者として経験を伝えた。決して自身の経験を自慢したいというものではなく、逆にすべてを曝け出すことによって恥ずかしい話をしているのではないかとも葛藤したが、悪い意味には取らないでほしい。

社労士の試験の合格率は、国家試験の中でも近年では、難関と呼ばれる

6％前後である。その試験に合格することは大変であっただろうが、試験に合格することはただのスタート地点に立ったにすぎない。開業をして、一定の事業を継続していくための収益の確保までの大変さとは比べものにならない。開業をすることは営業・主たる社労士業・会計などを1人ですべて行うことになるからである。

毎年多くの社労士が開業している。これまでの経験を活かして開業する者、夢を見て開業する者、資格取得したために開業する者、お金を稼ぎたいと開業する者、どんなきっかけでもいいと思う。開業を行うことによって、夢のある生涯プランを形成することはできる。しかし、現実はそう甘くはないものである。

顧問契約を受託できなければ、仕事は無く、次の仕事につながることもないのである。すなわち顧問契約を結ぶには営業が必須であり、営業無くして顧問契約は無い。仮に営業を行わずに顧問先を確保している社労士がいたとすれば、ご教示いただきたいものである。

開業することの厳しさは、開業した後に嫌というほど知ることになる。開業前や開業の瞬間に思う厳しさとは異なり、また試験に合格するための厳しさとは比べものにならない。

それは、「お金」が伴うからである。貯金などのお金が潤沢にあったり、親が支援してくれたり、年金受給しながらの開業であった場合は別であるが、それでもお金は出ていくばかりで長くは続かない。必ずお金には入りと出があるのである。

私たちは生活していく以上お金が必須となる。そして、家族がいればその金額も相当な額となる。そのため事業は継続しなければならないのである。

どのような士業も事業者も3年から5年で姿を消していくのが大半である。その中でどうやって生き残るかどうかが最大の壁である。独身であったならば、1人分の生活費を何とかすれば事足りるが、私には、守るべき家族があったので、そのようなことを言ってはいられなかった。また、経営者は独身というだけで一人前の大人という見方をしてくれない人もいる。この日本に、国家資格を手にし、「先生」と呼ばれて有頂天で開業に取り組んだが、理想と現実の差に打ちひしがれた人がどれだけいるだろうか。苦しい期間を乗り越えることが出来て、初めて「先生」という呼称で呼ばれるのであると今でも思う。

私は、自分と家族のために、生き残らなければならなかった。そして、生き残った者は、継続することの厳しさを知り、その経験は明日への糧になっていくのだろう。地べたを這うような生活だった5年間は、社労士人生の中で一番過酷な期間だったと思う。その後の人生で心が折れる出来事があるとは当時は夢にも思っていなかった……。

平成8年4月に、初めてアメリカ・グアム島に家族旅行に出かけた。海外は私にとって憧れであり、死ぬまでに必ず行ってみたいという願望が以前よりあった。

前の会社を退職した年の慰安旅行は、グアム島に行くことになっていたが、慰安旅行を前に退職したため、海外に行くチャンスを逃してしまった。その時以来、自分の力で海外旅行をすると心に秘めていたため、それが叶った時は非常に嬉しかった。

平成9年に〝労働保険事務組合北京都経営労務管理協会〟を設立した。設立にあたり、30社以上の加入が必要要件であり、何とかクリアし、京都府知事認可団体として設立することができ、府のお墨付きを得るに至った。同じ頃、社労士の先輩から従業員を雇用するようになると自身の生活リズムも安定し、メリハリがつくために挑戦してはどうかとアドバイスを貰った。平成6年頃から妻は会社を辞めて事務所を手伝ってくれるようになっていたが、身内ではない従業員の雇用をすることによって、始業時間や終業時間が明確となり、その時間内に一定の仕事を終わらせようと目標設定ができるため、仕事の効率向上にいいかもしれないと思った。

しかし、従業員の雇用となると一定の事務所の広さと充実した設備への投資が必要となる。開業当時は安物のスライド式で時間のかかるコピー機、事務所専用の電話機の設置はしておらず、自宅用の電話を電話兼FAXとして使用していた。結局自宅を改修して事務所とし、設備投資を行うのであるが、費用は嵩み、実現するには数年かかった。

これまで何度もお金や投資に対する話をしてきた。「もううんざりだ」という人もいるだろう。

しかし、何かを始めようとすると、どうしてもお金の問題が出てくる。お金は生活していく上で、必要不可欠な存在であり、それがあるかどうかによって人の肉体的・精神的安定をもたらし、選択の幅を広げてくれるものだと考える。

平成10年3月に「有限会社レイバー」という経営労務コンサルを行う会社を設立した。賃金体系や経営全体に及ぼす人件費の在り方について、指導を専門とする会社である。この会社を設立することによって、社労士として法律で定められている業務の範疇ではできない分野を行うことが可能になった。士業の枠組みを超えて展開するには、有益だと考えていた。

当時、従業員を雇用する際に、社会保険労務士事務所は法人格を持つことができなかったため、社会保険や厚生年金の加入制度が無かった。それでは優秀な従業員を雇用することができないので、法人格の取得は必要に迫られていた。また、士業との区分を明確にすることで、業務の合理的推進を図ることができると考えた。

社労士は、労働社会保険諸法令に基づく各種手続きを、経営者に代わって行う代行業務を主として給与計算を行いながら、管理をしている。労務管理の在り方次第で、経営を安定させたり、利益を追求したりすることができることは経営者なら誰でも認識しているにもかかわらず、労務管理の専門家である社会保険労務士はなかなかそこに手を付けないのである。そこには2つの原因があると思う。

1つは労働組合と会社または従業員個人との労働紛争に巻き込まれる恐れがあるからであろう。

もう1つは、会社の経営数字が読めない社労士が多いということであろう。社労士は、取り分け人に関することを扱うが、それだけを熟知していればよいというわけではない。

経営の資源たる「人」に関するある程度の知識と実践は必要である。このことに対して、全く知識が無いとなると致命的である。何故なら、貸借対照表や損益計算書などを見て、顧問先の会社がどの状況の経営状態なのかという判断が必要だからである。

例えば、「従業員に賞与を支払いたいけれど、どのくらい支払えばいいのか分からない」との問い合わせがあったとする。この場合、当然、現在の経営状況やキャッシュフロー状況を確認して、支払い可能な賞与原資を導き出し、その中で、各従業員個人の評価を加味してトータル原資はこの程度であればという助言となる。

また、「従業員から、会社に対して賃上げをしてほしいと要求されているが、賃上げをしてしまうと赤字になる」との問い合わせがあったとする。借入れを行っても資金源を確保すべきではという根拠も何もない回答は言語道断である。専門家である社労士は、顧問契約を結んでいる以上、回答には根拠が必要なのである。それとも、書類作成代行業務のみ受けているため、相談業務などの分野の仕事はしていないので、分かりませんと答えるだろうか。

そのような回答をすると、社長は「顧問委託する社労士を別の人に切り替えるから、もういいよ」といった話に発展しかねない。

まず、労働紛争についてだが、経営者と従業員の間に発生する時間外勤務等の割増賃金の未払い事案が最も多いであろう。詳細については第3章で述べるが、人と人の争いは常に醜悪なものがある。その中で客観的事実の認否確認や法律に適合した判断を下し、解決に導かなければならないため、相当のストレスがのしかかる。そのため、社労士の大半が労務管理の在り方に手を出すことを避けるのである。

また、紛争に発展した際は弁護士に依頼すればよいと思っている社労士も多いだろう。しかし、多くの経営者はこの部分に対するサポートや助言を欲しているのである。

次に、会社の経営数字が読めない社労士が多いことだが、そもそも社会保険労務士試験に貸借対照表や損益計算書や決算書などに関する問題はない。しかし、経営者は事業経営においての人員配置や適性人員、それに伴う人件費の数値をみて、どのような改善をすることにより経営の安定を目指すことができるのか助言を欲している。

経営資源である「人」つまり人件費は、一般管理経費の半分以上を占めており、安価な人件費でより効率的な業務を遂行してくれると、利益が生まれる。しかし一方で、安価すぎる人件費を求めると人材が集まらず、人件費に高価を求めると人件費過多となり、赤字倒産に陥ってしまう。

適正人員と数値は各々の会社によって異なるが、それを模索した上で判断を求められるのが、コンサルタントとして非常に難しいところである。しかし、経営者はそこに助言を欲するのである。

上記の2点について、コンサル業務を始めたのが「有限会社レイバー」である。この頃になると、飛び込み営業は基本的に行わなくなり、代わってセミナー営業を行うようになった。セミナー営業とは、経営者が現在注目すべき課題を取り上げて、2時間程度講演のようなものをすることである。その後、さらに詳細に話が聞きたいと言われた場合のみ、訪問し、面談をするといった仕組みである。

このセミナー営業は、現在も継続しており、毎月1回程度コンスタントに実施している。当然行えない月もあったが、この手法に切り替えてから小さな町の山奥に事務所を構えながら、京都・大阪市内・神戸・滋賀・東京と顧問先が広がった。顧問先が広がると、仕事量も多くなり、その業務を行う人の確保と業務スペースが必要となり、徐々に業務規模が大きくなっていった。

そして会社設立からおよそ1年後の平成11年にようやく、初めてパートの従業員を雇用することになり、開業当初の念願が少し達成できた。

第4節　この町のために、今自分ができることを模索した末に

開業から10年が経過した頃、青年会議所（ＪＣ）から入会の勧誘があり、40歳がＪＣの定年だったため、入会することに決めた。従前より勧誘はあったものの、ある顧問先の社長から「ＪＣに入会するのであれば3年が限度でそれ以上は続けない方がいい」と聞かされていたため、入会は断っていた。しかし、実際に入会してみると会員の人は非常に親切で厚遇してもらった。様々な経験をさせてもらい、今でも感謝している。

40歳を目前に、少し地域社会に対する要求や政治の姿勢に興味を持つようになり始め、住んでいる町のまちづくりを町民主体で行おうとする取り組みから、ＮＰＯ法人を立ち上げ、その代表に就任した。

社労士は、法律や規則に基づいてその業務を遂行する。その法律は、国会

で決められ、政省令は各省庁で決められている。そして、国会を運営しているのは議員であり、執行しているのが行政及び地方自治体である。決められたルールに従って、私たちは暮らしているため、その執行者である自治体市町村の運営が脆弱であるとそこで生活している人は大きな影響を受け、不幸ではないだろうかと少しずつ考えるようになった。

その後、地方分権推進法が成立し、偶然にも私の住む町も合併の話が持ち上がった。これが世にいう「平成の大合併」である。

平成14年12月に1市4町合併協議会という法定協議会が設置された。協議会は第1号員（各市町首長）、第2号委員（各市町議員）、第3号委員（民間委員）で構成され、各委員は本会議及び小委員会に配属されて、新市の事項に関し協議することになった。

私は新市まちづくり策定小委員会に配属委託を受けた。平成15年から2年間、毎月長時間の協議の末、当該協議会は整わず合併は破談となった。各々の市・町が既得権益とエゴによって歩み寄ろうとしなかった結果だったのであろう。

合併構成を再編し、新たな合併協議会が立ち上がった。それは、1市1町を除く3町の合併であった。平成17年から協議は激しさを増し、月2回以上のペースで本会議と小委員会が開催された。そこでも私は新町まちづくり策定小委員会に委託を受け、協議を行った。この3年にも及ぶ会議の中で、行政運営の数字上の中身を知ることになった。新しい町の合併協定書にサインをし、行政改革委員会委員などを2年間務めた。

社労士は、労働法を中心とした業務であり、労働基準法・労働衛生法・健康保険法・厚生年金法・雇用保険法・労災保険法・職業安定法などを扱う。しかし、一度労働紛争が発生すると、民法・刑法・民事訴訟法・税法などが必要となってくる。社労士資格で勉強した法律以外にもある程度の法律知識を持っていなければ対応に失敗することがある。

同様に、合併協議を進めるにあたっても、地方自治法や財政法・地方公務員法等を勉強しておかなければ、専門家である自治体職員と協議することができなかった。自治体職員が主張していることが真実なのか虚偽なのか見分けることができなければ、自分の意見を持つことはできない。相手がそのプロフェッショナルであれば、それに対抗し得る知識を所持する必要があるのは、当然のことである。

社労士が経営者から相談を受けたとき、どれだけの引き出し（知識と経験）を持ち、総合的に判断した上で、一番適した解決策が見出せるかどうかがプロフェッショナルたる「社労士の肝」なのだと考える。そのためには、どれだけ具体的な案件に携わり、苦悩の上解決できたのか・できなかったのかといった経験が、何よりも成長を促すだろう。そして、毎日スキルを磨くことが必要であると考える。学ぶことは多いが、学びを止めて得られるものは何も無いのである。

平成25年9月、以前より、社労士事務所の所在地を京都府福知山市に置いていたが、従来の建物を取り壊し、新築の新事務所を建設し、拠点を移した。3階建ての小さな新事務所ではあるが、事務所用の導線を考え、設計士や建築士の方々に助力してもらい、利便性の高い建物を建てた。そして、事務所のセキュリティーや個人情報のセキュリティー、クラウドシステムにネットワーク化、既存の加悦事務所とのオンライン化など、効率化と合理化を進め、安全な環境確保を行った。

2階を主たる事務所として最大10人が働けるほどの机を設置し、1階に相談室と会議室を置き、3階に書庫と所長室を設けた。加悦事務所と合わせて14人が従事者の限界人数である。雇用人数も10人を超えると1人の経営者の管理だけでは動かなくなり、組織が必要となってくるため、この規模での事務所を構えることにした。

また、以前から事務所の方針は掲げていたが、新事務所の設置にあたり、新たに私の理想像をベースに檀家のお聖人さんから貰った言葉の「懐仁仗義」を掲げることにした。「懐に優しさを持って、正義たる正しい道を示せ」という意味である。奈良の大仏殿を建立した行基菩薩様の言葉の中の一説だそうだ。この言葉が私の今後の人生を支える柱となった。

そして私は、平成26年正月・元旦、町会議員選挙に出馬することを家族に報告した。家族は、正月早々私の気が狂ったのかと驚きを隠さなかった。妻には事前に話したが、それでも最初は、受け入れてもらうことができなかった。これまでどのような無茶・無謀にも付き合ってくれた妻の、初めての反対だった。しかし、説得に説得を重ね、最後には折れて応援してくれることになった。妻でさえこのような反応だったのだから、事後報告のようなものであった両親や子どもたちは当然の反応だった。それでも、家族は私の決断を応援してくれた。

その後は、1月から3月までの3か月間で選挙の準備をしなければならず、多忙を極めた。小さな人口2万3千人ほど（平成26年当時）の町であっても、私の知名度はない。これまで地域に貢献してきたという実績も無い・選挙を戦い抜くためのお金もない。開業当初を彷彿させる無いない尽くしからのスタートである。

前述した通り、私は平成の大合併に関わり、与謝野町の誕生合併協定書に署名した。地方分権を推進する中で、脆弱な財政と人材不足を広域化し合理化することで、行政効率を向上させ行政運営コストを削減し、住民サービスの向上を進めることが目的とされていた。そのために国は合併市町に対して飴と鞭を与えた。鞭は「合併協定が整ったならば一定期限の間に1つの町にすること」である。3つの町が1つになれば、「重複する行政運営コストや公共施設などは不要となる」という考えのもとであった。飴は2つあり、1つは「有利な合併特例債という起債（いわゆる借金）ができること」である。具体的には、借金の95％のうち70％が地方交付税という形で、国から歳入として受けることができるのである。もう1つは「合併したものの一定期間（合併後当初は10年間、現在は15年間）は従前の市町の規模の状態で交付税の算定をする」というものであった。当然その間は合併しなかった市町より多くの地方交付税を受けることができるため、財政運営に緩みが発生することは誰でも考えられることである。

合併後8年経過したが、3町合併の旧町の壁は埋まらず、例外なく財政運営の厳しさに緩みが出てきたと感じた。地域経済は福祉の町として循環はしていたものの、働く場の減少や統計数字による町内所得水準は、京都府内で後ろから数えた方が早いほどに低下していた。どのような組織運営でも、経営の3資源を合理的効率的に活用しなければ衰退してしまう……。

人的適正配置、予算の投下分野の適正化、無駄な業務の削減など、どれをとっても、この町は課題が山積みだったのである。そこで、外から改善を求めるのではなく、内部から修復することを思案し、町議会議員選挙への出馬を決めた。

この町の人の暮らしに特に関心のなかった私が、何の因果か行政運営や合併協議に巻き込まれ取り組んだ。そして、その運営自体に疑義を持つことになった。さらに町の幸せとは一体どういったものを指すのか、探求するようになった。もはや、この町を維持・発展させていくことこそが、私のある種の使命なのではないかとさえ感じた。当選すれば二足の草鞋を履くことになるが、私の決意は変わらなかった。

町議会議員選挙は、平成26年4月初旬の5日間で第1週の日曜日が投票日であった。町長選と町議会議員選の同時選挙であった。多くの町民の方たちが、何一つ経験のないひ弱な私を応援してくれた。友人や地域の方、支援してくれる方々は、誠心誠意各々の役割を夜通し果たしてくれた。選挙は自分の周りの人の心の中がよく分かると昔から言うが、本当にその真心を貰った。51年間生きてきた中で、この時ほど厚情を賜った経験はない。

戦車（選挙活動の場では、宣伝車を示す）経路の地図を作成し、友人たちが事前にデモ走行をして、休憩場所やトイレの確保、演説の場所、タイミングなど綿密に計画してくれた。食事の時間やその手配もすべて行ってくれた。知名度が無いという点は、それぞれの支援者が知人を紹介してくれたり、集会を案内してくれたりと補ってくれた。また、チラシや郵便の準備、電話作戦など、選挙に勝つための戦略が練られた。戦車からの演説についても、手取り足取り指導してもらった。

毎日のように、選挙事務所の出発と迎えを大きな声援で送り出し、迎えてもらった。選挙カーは毎朝、真っ白に掃除してもらった。街頭で握手する人が頑張れ！　と一緒に泣いてくれたりした。その人たちの笑顔や声援を聞いたりすると、心の奥で熱くなるものを感じた。

私は、周りに「どれだけ恵まれているのだろうか」と、言葉では言い表せないほど感謝した。感謝という安易な言葉では足りないけれど、それ以上を表現し得る日本語を持ち合わせていない。

選挙の最終日には、涙が止まらなかった。無いない尽くしから始まった選挙への出馬だったが、多くの方々のおかげでトップ当選を果たしたのである。

多忙の中、私の選挙出馬に尽力いただいた方々に改めて感謝を伝えたい。

選挙に当選するまでの道のりは苦しく、荊の道を進むようなものであったが、大変なのは当選してからであった。責任と期待を一身に浴びて行政運営の内に飛び込んでみたものの、民間では考えられないことが起こっていた。既得権なのか、古臭い行政手続きが今の時代に合っていないものが、継続して運用されていたのである。そして、議員1人には何の権力も権限も無かった……。あるのは議決権だけであり、その議決権も多数決の原理が存在し、この町では16分の1の権限しかなかった。それでも自身が考えた理念と使命、背中を押してくれた方々の期待に報いるために、本来であれば人が避けて話すだろう議題についても議場では公然と発言し、様々な研究・学習を積んだ上で、政策の提案を行った。

この間に京都府庁や国会、議員会館に何度足を運んだだろうか……。

そこでは、その都度学ぶことが多くあり、人との繋がりもできた。議会は、3月・6月・9月・12月の年4回の定例会の他に、常任委員会がある。元々の仕事と議員の仕事を兼業している者にとって、特に長期間拘束される3月・

9月は、特に大変であった。

例外なく、事務所の業務は従前と全く同じペースで行わなければならず、その上で、議員としての業務を怠ることなく、履行しなければならないため、地獄かと感じるほどに多忙な毎日だった。議員は「自分のために仕事をするのではなく、人のためにする仕事であり、私益を追求してはならない」「利他を追求しなければならない」のである。ひ弱な私を議場壇上に押し上げてくれた厚情と期待に対する責任を果たすべく、凄まじい重圧を感じながら町の改革案を考えた。

地方議員及び首長の仕事は「その町に住むすべての人の生命と財産を守り、安心と安全を確保し、生活の安寧を推進すること」である。この4年間に私が議場で訴え続けたのは「教育の充実」であった。所得の大小は、教育レベルに比例するという「ある経済学者の研究結果」を基に議場で主張を続け、定例会一般質問は、16回あるうちの12回まで議論に及んだ。

幼少期から英語学習やプログラミング教育などの実施を早期実現することが、この町の教育を変えると考えた。そのために、先進国の地・アメリカやフランス、日本では岐阜県・岐阜市、佐賀県・武雄市を実際に視察し、研究をし続けた。将来、必ず日常的に英語能力や論理志向のプログラミング教育が必要になると考えたからである。それは、ＡＩの開発によってより身近に変化をもたらした。人が世界を移動する時代に入った今、共通言語は英語である。当然仕事と直結してくることになり、将来の若者は、自由自在に日本語と英語を使いこなさなければならない時代が来る。

この流れに逆らうことはできず、使いこなさなければ、時代に適合しない人となりうるのである。だからこそ、介護をする人も、農業をする人も、すべての人が英語を使いこなし、日本語も言語としてしっかり学ぶことの政策を提案し続けたのである。

４年間にほんの少し兆し（英語のみを使うキャンプ：イングリッシュキャンプの実現）が見えたが、その火は未だ赤燐の炭のようだ。タブレットを使ったプログラミング教育も同様である。なぜ、英語に触れる教育が必要なのかを知ろうとしないのだろうか。

知ってはいるが、それに取り組もうとしないことが、この時の日本行政全体の風潮だったのかもしれない。しかし、所得レベルを上げるには必然的に「教育の充実」が必要なのである。「教育の充実」は享受する者の視野と選択肢の幅を広げ、教養や文化レベルを上げることに繋がっていくのである。少し時間はかかるが、必ずそうなると確信を持っている。

日本は先人の英知と努力により、読み書き・そろばんの義務教育が充実した。だからこそ世界と比べても中産階級が多いのである。産業構造は大きく変化し、製造業からサービス業へ、そして今、情報産業へと移り変わっている。毎日手にするスマートフォンは情報産業の象徴だろう。

ますます進化する情報産業の中で、将来子どもたちは生きていかなければならないのである。その基盤作りがしたかった。しかし、行政情勢は全く違う方向へと進んだ。

社労士と経営労務コンサルタント業と地方議員という二足の草鞋を履いた4年間は充実した期間であったと同時に忙殺されるような日々でもあった。理念と目的をもって出馬した議員選であったが、16分の1の力しかなく、議員1人の力は、なんて無力なのだと認識させられた。

今回の議員業務を通して「利他の精神」の必要性を心底思い知った。社労士で開業しているまたは開業しようと思っている人は私益だけを追求しているだろうか。おそらく、主として利他を追求していることだろう。社労士法第1条目的に「労働社会保険諸法令の円滑な実施に寄与し、事業の健全な発展と労働者等の福祉の向上に資すること」とされており、必然的に業務を行うにあたり「利他を追求している」ことになっている。利他を追求することは、顧問先の発展と従業員の福祉に寄与すること。つまり組織の中の人が幸せな暮らしができるように指導・支援することにある。

社労士業を生活の糧と考えている以上、私益を追求しない人はいないと思う。しかし、社労士の本分は利他の追求であることを忘れないでほしい。また、グローバルな視点で考え、共通言語である英語に力を入れなければならないことは、分かっていただけただろう。これは、当該町だけでなく、顧問先の対応でも同じことである。

インバウンドの到来で、言語は英語を中心として動いており、ビジネスの場では中国人でも英語を話すようになっている。働く人口は減少し、人手不足が深刻化している中で、技能実習制度を活用して発展途上国へ技術提供する目的で外国人研修生を受け入れていたが、それでもさらに働き手は不足した。外国人とのコミュニケーションを行うために母国語がベストであることは言うまでもないが、共通語は圧倒的に英語が多いのである。これから先のビジネスでは雇用主も労働者も英語を自在に使いこなすことが必須となるだろう。

平成30年4月に自分の理念を達成すべく、町長選に出馬することにした。二元代表制である地方行政は、首長と議員の関係にあり、どちらも直接市民から選ばれる。しかし、首長は、1人で絶対的権限と義務を持つのである。

「首長にならなければできないことがある」

議員の時には果たすことのできなかった目的を果たすためには、首長になるしかないと思い戦った。前回の議員選同様に、多くの地域の方や友人、家族が誠心誠意支えてくれた。このことには感謝しかない。しかし、そこには議員選とは全く違う空気感があった。通常であれば人が避けるだろう議題について公然と言い続けた反動であろうか……。

「あいつが町長になると補助金が削減される」

「庁舎も今は3つあるのに1つになる」

「役場や議員や町民に厳しいことばかりする」

それが、私に対する町民の評価であったのだろう……大差で落選した。助力してくれた方に対する感謝とともに、自身の力不足を猛省し、申し訳無い気持ちでいっぱいになった。この町長選はある人の想いも背負って戦ったため、落選した時は言葉を失った。

ある人とは、議員選で毎日戦車を真っ白に磨いてくれていた、幼少期からお世話になっていた先輩のことである。彼は、私が小学校に入学したての頃から毎日手を繋いで登校してくれた5歳年上の先輩で優しい人柄のお兄さん的な存在だった。面倒見が良く、人に奉仕することを苦としなかった。町長選では彼に選挙対策本部の部長を引き受けてもらい、1月から3か月に及ぶ激戦を一緒に戦ってくれることになった。

この選挙を自分のこととして夜遅くまで打合せや計画を練ってくれた。本戦では初日から大きな声で「頑張ろう」をコールし、選対を引き締めてエールを送り続けてくれた。その業務は、激務であっただろう。

彼は、最終日の前日に倒れてしまった。この選対の支えとなっていた彼の不在は誰もが想定しなかったことであり、一番頑張ってくれていた彼のいない悲しみと無理をさせてしまったという苦みを感じながら、各々自分を鼓舞し、選対のみんなで最後まで戦った。しかし、彼は帰らぬ人となってしまった。彼が望んでいた町の姿は、私と同じであった。

「みんなが笑顔で幸せに老若男女問わず暮らせる豊かな町」。豊かさとは、「金銭的・時間的余裕があり、自身が多様な趣味や芸術文化に触れ、固有の心底にある満足感を感じる時間と空間である」と考える。

彼もそんな世界観を、この町で実現したかったに違いない。しかし私は落選してしまい、その世界観を実現することができない。かけがえのない先輩同志を失うと同時に、彼の家族から彼を奪ってしまった。心の底から悔いても言葉が出てこない。

そんな日々がその後も続いた。肉体的にも精神的にもダメージを受け、周囲の人たちは気遣ってか、私を避けているようにも感じた。事務所を開業し、地べたを這うような生活をしていた5年間があったが、そのような日々が幸せだったかのように55年という人生の中で、これほど心が壊れた経験をしたことは無かった……。

この町長選で起きたことのすべては、私の所為だと自分を責めた。ここで、彼の話を取り上げたのは、私の人生を語る上でなくてはならなかった人物だからである。

彼には、感謝と謝罪の思いしかない。

これまでお世話になったすべての事、議員選、町長選、幾度も助けてくれて本当にありがとう。あなたの想いを実現させることも出来ず、家族と離れ離れにしてしまって申し訳ない。

天国にいる彼と思い描いた「みんなが笑顔で幸せに老若男女問わず暮らせる豊かな町を作りたい」という想いに、賛同する町民と共に、何時の日か実現できたらと心の底から思う。

町長選を戦う一方で、社会保険労務士事務所がどうなっていたかというと、町長となれば兼業は不可能と考えていたため、事前から事務所を託す人物の育成を行っていた。その人物が、実際に事務所運営をしていくことができるのか確認することと、首長になって推進する英語力が中高齢でも学ぶことが可能であるのか実践するために私は、単身海外へ飛んだ。

第5節　語学留学の先に見えた未来

平成30年6月、私は、単身フィリピン・セブ島のセブ空港に降り立った。家族には、旅立の前日にフィリピンに行くことを伝えた。もちろん妻には、以前より告げており、その準備を怠りなく手伝ってくれた。

妻は、町長選でのあらゆる出来事に、私の体だけでなく、心までもがボロボロであることを一番身近で知っていたため、相当心配をかけていたであろう。それでも、単身海外に渡ることを反対しなかった。

両親は驚きを隠せないようであったが、生みの親というだけあって、いつものことかといったように納得はした。まったく英語が喋れない・聞けない・

書けない・読めないという4拍子揃った人間が、ぽつんと1人頼る人のいない場所に置かれたときどうなるのだろうかという不安とともに、海外での挑戦が始まった。留学期間は4か月間であり、同年10月には日本に帰国する予定でいた。

留学をするにあたって、事前の準備に極力お金を使わないことに決め、コンドミニアムを賃借して自炊・掃除を行うことにした。日用品（米や調理器具など一式）は日本で調達し、事前に輸送を行った。常備薬なども日本のものを持参した。

コンドミニアムは1人で生活するにはとても広く、リビング、寝室、キッチン、トイレ兼シャワーブースが設置されていた。翌日から英語の語学学校に通うため、フィリピンに到着した初日はすぐに眠りについた。

授業は、朝9時から夕方4時まで、計6回に分けて行われる学校であり、先生と私が入室すると部屋がいっぱいになる、ワンボックスタイプの小さな部屋で行われた。

授業の初日は、午前中だけ座学を行うといったものであり、英語の先生

（フィリピン人）とマンツーマンだったが、何を話しているのか全く分からなかった。これまで何度か海外を訪れていたにもかかわらず、全く分からないという現実が、ボロボロの心に追い打ちをかけるようであった。

午後からは課外学習の時間となり、先生に連れられてスーパーマーケットで買い物をした。事前に買い物の仕方や聞き方を教えてもらっていたけれど、忘れてしまい、言葉が出てこない。支払いにクレジットカードが使えるのか、現金だけなのかさえも分からない。頭が真っ白になった。洗濯はクリーニング店に持ち込む方が安価であったため利用することにしたが、そこでも当然日本語は通じない。仕上げの方法から時間予約、支払いの会話をしなければならない。

海外で単身、無言で生活することなどできず、こんなことでは何のために海外まで来たのか分からない。見様見真似の身振り手振りで伝えた。恥ずかしいなんて言ってはいられなかった。

一方、授業はというと、サブジェクト（主語）・バーブ（動詞）・オブジェクト（目的語）・アジェクティブ（形容詞）と繰り返し何度聞いても全く理解ができない。

先生はあくまで正確なグラマーイングリッシュ（主語・動詞・目的語・形容詞などを一切省略せずに話す英語のことであり、その英語は外国で高貴な身分の人が話すものとされている）のみを使っており、日本語を話すことはできない。先生が日本語で話すのは唯一「大丈夫？」くらいであった。その心遣いにさえ、虚しさを感じた。

初日の買い物では食材の他にB５のノートを３冊購入するように言われ、日記・勉強・単語の用途に分けて使用することを命じられた。日記は毎日１枚、勉強は授業時、単語は毎日10個以上書き上げて文章を作成することを求められた。日常会話やビジネス会話ができればと思い留学したため、ここに来てまさかの単語テストである。正直愕然とした。それでも何とかごまかしながら英語の授業を受けていたが、それも１か月に満たないくらいで通用しなくなった。

例えば、日記をつけるのにグーグル翻訳を使用していたが、先生にすぐにばれてしまった。単語を引くことには使用してもよいが文章の作成には使用禁止と言い渡された。

留学して半月を過ぎても聞くことや話すことができないと、会話をすることができず、もどかしさは募っていった。授業が終わり、帰宅するのは午後6時頃であり、そこから夕飯の支度、日記・単語帳の整理、文書作成、日本での仕事もこなすには24時間では足りなかった。

留学してからも毎日6時間程度社労士事務所の報・連・相や業務に追われた。ネット社会とは便利なものであり、文書の作成や確認、メール、電話も行うことができるのである。唯一できなかったことは、毎月顧問先を訪問することであった。それは、私が不在の間事務所を託した部下が行ってくれていた。

毎日必死に英語の勉強に取り組んでも単語のスペルを何度書いても覚えられない。そうしているうちに、毎日テストをすることになった。日本のテストとは異なり、授業中に「この単語書いてみて」や「この単語で文章を作成してみて」といったその場で問題を出題され記述や口頭で答えなければならないといったものだった。

このテストが始まって1か月経過した頃、私の頭の中に異変が起きた。毎日「違う」「違う」（英語でロンという）と繰り返し言われることで心が折れて、言葉が出なくなった。

単身海外に渡り、語学を学ぶことが容易でないことは分かっていた。しかし、毎日「違う」と言われ、自分でも言いたいことはそれではないと分かっているけれど、正しく伝えることができず、どうしてもイラつきを抑えられなくなっていた。

7月下旬、妻が日本からフィリピンにやってきた。

妻がたった1人で海外に来るのは初めての事だったため、不安しかなかった。飛行機の到着時間が遅れ、タクシーの確保に時間を要してしまい、私が滞在しているコンドミニアムへの到着は深夜となったが、合流することができた時は、安心した。

これまで出張で家を空けることは多かったが、妻と1か月も顔を合わせないことは、初めてであった。久しぶりの逢瀬と日本語で会話ができるということに、私の中のストレスが一気に吹き飛んだ。

フィリピン・ボホール島のチョコレートヒルズを2人で観光し、たくさん写真を撮り、日本語での会話を満喫した。妻は仕事があるため、僅か3日の滞在で帰国することになったが、フィリピンに来て、初めて楽しいと思えた。

帰国日の早朝に妻を空港まで送り、その後は授業を受けた。どうにもならないイラつきは、妻のおかげで発散できたものの、以前に起きた異変は治らなかった。次の日も、次の日も、頭の中が「あ〜う〜」「そ〜そ〜」で止まってしまい、言葉が出てこないのである。声に出しても変わらず、日本語さえも出てこなくなった……。

ある日、学校で小さな子どもたちが父親や母親に連れられて英語の学習に来ているのを見かけた。子どもたちは、集団授業だったが、先生に教えられた言葉を躊躇なく話し、聞き、理解して会話をしていた。その記憶力や順応性、適応性を間近に見て、素晴らしいと思った。やはり幼少期のタイミングで英語に触れさせることが、将来の日本の子どもたちの素養になると確信した！　そう思うのと同時に自分の適応能力の無さに暗然とした……。

8月上旬、言葉が出なくなったと同時に学校に行くことが苦痛となっていた。「学校にいきたくない。でもやらなければならないことがある」そう自分に言い聞かせて学校にいくものの、不登校になる子どもの気持ちが少し分かった気がした。

面白くない・理解できない・上達できないと消極的な言葉が頭を占め、心を徐々に蝕んでいった。そして、その矛先は先生に向けるようになってしまった。先生が教えるのが下手糞だから上達しないのだ・違う（ロン）、違う（ロン）と連呼をするな・授業中にお菓子を食べるなと心の中で罵った。

ついには学校側に先生を代えてほしいと嘆願した。先生は落ち込みながら、それでも私に「あなたはここに何をしに来たの？」と質問した。

すごく単純な質問であった。

私は迷わず「英語を習いに来ました。」と答えた。

先生は「では、学習しましょう」と言った。その時、目的を見失い、できない言い訳ばかりを並べたて、先生にあたっている自分に気づいた。先生からすれば、子どもの癇癪と同じであっただろう。そう思うと、はぁっ……と感じると同時に心を占めていた雲が晴れていくのを感じた。

少しずつやろう、焦らずにやろうと心を奮い立たせた。毎朝、ランニングマシーンで走り、気分転換を図ることもできるようになった。それでも、自分自身の心の戦いは続いていた。英語の上達はまだまだ納得のいくものではなかったが、それでも途中リタイアはせず、4か月間をクリアし、卒業証明書を受け取ることができた。

10月初旬、日本に帰国した。日本に帰ってきて、改めて日本ではすべての環境が良く、本当に平和であると感じた。それと同時に危機意識の欠如が蔓延しているのではないかとも感じた。平和ボケといった方がいいのかもしれない。帰国後は社会保険労務士事務所に出務しながら英語のトレーニングを今でも少しずつ続けている。

英語の必要性は、子どもたちの適応力の良さなどで、少し話したが、多くの外国人が日本の企業で働いている昨今、経営者はその管理を社労士に求めている。社労士は、企業の労務管理を行うことが仕事であるため、求められているものには順応していかなければならない。

実際にフィリピンに留学することで、英語スキルを身に付けようとしたが、容易ではなかった。簡単に学べるものではなく、スキル取得には時間がかかることだろう。しかし、継続していればきっと身に付いてくると、自分を信じることしかできないのである。

従前より、英語学習やプログラミング学習が幼少期から必要だと主張し続けてきた。しかし町長選の時、「英語を勉強させるよりも、国語をしっかり学ばせることが先決だ」という意見があった。

もちろん、国語を学ばせることは必要だが、それは、英語とともに勉強すべきだと考える。日本人は会話の中で「私」「あなた」「私たち」などの主語を省略する癖がある。これは、元来の日本文化によって構築されたものだと思われるが、英語は、主語を省略することはしないのである。

この違いを、幼少期から学ぶことによって、国語の能力と英語の語学能力が相乗的に向上されるのではないかと考える。つまり、日本語を理解していなければ、英語は理解できず、逆もまた然りということである。この2つを切り離して考える時代はもう、終わりを告げている。

第6節　新たな挑戦のために今できること

平成の時代には、日本でも猫の手も借りたいほどに人手不足の問題が深刻化していた。政府は対策として、高齢者・女性の社会進出を進め、労働環境を整えてきたが、限界があり、外国人技能実習制度をフル活用してきた。しかし、技能を習得するための制度であるため、企業が求める労働力として活用するにはズレが生じていた。

企業はその職種各々が求めるスキルの高い即戦力を求めたのである。その後、政府は特定技能制度を導入し、外国人雇用の推進を行うに至った。日本は潜在的に労働力人口が少ない。そして、その人口は毎年減少していく。

一方で高齢者人口は激増し、超高齢者社会となり、年金医療福祉（介護等）の財源の確保に逼迫している。財政が非常に厳しいことは財務省の資料を見て取れる。

つまり、国は国益を失うことなく、日本国民の生命と財産を守るため外国人労働者の手を借りようと決断したと考える。スキルのある外国人に働いてもらうことにより、GDPは上昇する。給与の中から社会保険料は例外なく徴収し、5年が過ぎれば脱退一時金の負担はあるものの、保険料収益の方が多いと企てたのであろう。

これは、年金医療福祉財源の増額に繋がり、財政負担も縮小していく。外国人労働者にとっても、制度が整った国で働く安心と安全が確保されて有意であると考える。まさに三方良しである。

令和2年（2020年）は新型コロナウイルス一色で経済は停滞し、世界の尊い命が多く失われた。日本ではインバウンドにより支えられてきた交通運輸業や観光サービス業、飲食業、広告宣伝業などの企業が軒並み危急の倒産危機に瀕している。働く人々は休業や失業に追いやられている。この失われた1年が人間の思想や経済環境にもたらす新しい世界の様相はいまだ未知である。

しかし、新型コロナウイルスの蔓延がいつまでも続かないことだけは確かである。生物は常に適合し、弱者を飲み込んでいく弱肉強食の世界だ。人間も同様であり、コロナウイルスに適合した人々は、既に多く存在するのではないだろうか。コロナウイルスを打破したとき、停滞した経済も「人の動きや、お金の動き、物の動き」は回復する。

日本では、これらの動きが回復したときに対応ができるのであろうか。もう少しミクロに考えると、企業や従業員は、回復したときの「人の動き、お金の動き、情報の動き」に対処できるのであろうか。もちろん準備している企業や従業員が成すことは言うまでもない。

では、準備とは何をすることなのだろうか。それは、平成の時代より行っている外国人労働者の受け入れ及びその環境の完備である。これを実現するには、日本企業と国民の理解が急務である。

例えば、介護施設で外国人を雇用して、そのサービスを受ける高齢者が、拒否反応を示す可能性がある。同じ人間であり、サービスの提供は劣らないが、日本国民の中には発展途上国の国民を下視するきらいがある。よって、国には国民に対する理解へのアプローチがまだまだ必要である。

企業の準備とは、グローバル化する雇用環境に適合する人材育成ができているかどうかである。つまり「多様な考え方に適合する感性を持った人材を育て、雇用しているのか。言葉が通じる人材を雇用しているのか」である。旧態依然とした、日本的雇用思想である「雇用契約も結ばず、働いた結果を見て決める」や「丁稚奉公形式」「年功序列」「よそ者排他主義」「外国人偏見主義」に頑固に固持しているようであれば、準備ができているとは言い難い。

また、共に働く従業員が外国人と接することに臆さないか、タブレットなどの先進機器に適応できているのか、共通言語の使用は可能なのかなど、従業員にも準備が必要になってくる。人材不足に対する右記に示した準備の項目を、早急に整えていくことが必要であると考える。

私の事務所では、外国人を雇用している企業を多く顧問先として、その事務手続きや管理を行ってきた。一方で、外国人との面談や会話に臆することが過去に多々あり、専門的アプローチの実施はしてこなかった。しかし、そのようなことを言ってはいられない環境に置かれた今、外国人紹介事業を積極的に実施していくことに決めた。

技能実習制度の活用ではなく、特定技能や高度人材外国人の招聘である。始めの第一歩として、外務省入管の登録支援機関の認定を受け、フィリピン人送出し機関企業と業務提携し、フィリピン人材の直接雇用を行った。私の社労士としての新たな挑戦である。

今、地方の小さな町では、超少子高齢化による人口減少のため、すべての産業の担い手不足と職場の減少とともに、地方自治組織の崩壊が始まっている。原因は過度な人材の不足により、高度な教育の停滞にある。豊かさや幸せの定義を探求し、見出し、実際に行動に移す実行力と実施スキルが無いのである。無いのであれば、その知識を所持している先生に頼る他はなく、学びと実行、研究を繰り返せばよいのである。

先生といっても、学校の教師を示すのではなく、経営経済の先生・文化芸術の先生・自然環境の先生・語学国学の先生のことである。

その地域や企業に適した人材を送り込むことは様々な波紋を呼ぶことになるだろう。競争原理を生み出したり、多様な感性を生み出したり、逆に貝殻のように閉ざすこともあるだろう。しかし、今対策を練らなければ町は衰退していく一方である。

東京一極集中といわれ、地方創生が叫ばれて久しいが、さらにネガティブな地方再生がいわれ始めた。地方の衰退の諸悪の根源は「人間が成長を望むときの環境が整っていないこと」にあると考える。逆説的に言えば、かなり辛辣となるが、「成長を望まない人たちがそこを支えている」または「変革を望まない人たちの集団」ではないだろうか。当然、成長環境を整えようとしている人もいる。

人は生まれながらにして、個という特性があり、パーソナリティを活かした職業に就くことが望ましい。特徴を生かした職業選択のために、幼児教育は極めて重要である。子どもたちが一定の年齢に達したとき、自分の進むべき道を自己決定することができる環境作りが必要である。

現在私が住む町では、農業体験や介護体験といった職場体験学習を行っている。しかし、そこで実際に行われるのはすべて肉体的作業である。自己決定することができる環境作りの職場体験とは、そういったことではない。

介護職であれば、身体介護方法・経営管理（マネジメント）・マーケティング・データ分析など様々なキャリアが必要である。そのようなキャリアを体験する学習こそが、今必要であると考える。

例えば、当地域は絹織物の産地で、基幹産業として多くの人が携わってきたが、豪華かつ高額で煩雑な着物をお召しになる人口は激減し、衰退した。しかし、キャリア教育が整っていたならば、衰退しただろうか。製造キャリア・染め・マーケティング・経営管理・情報キャリアなどありとあらゆる想定するキャリア人材が整っていたならば、今頃、丹後ちりめんも世界のルイ・ヴィトンのように成長していたかもしれない。高額であっても、より良いものに人はお金を出すのである。

地域はその住民が作り上げていかなければならず、そのための人材を育てていかなければ衰退する。地方行政に集い、縋り望んでもそのような力はない。当然、自治体は地域住民の生命と財産を守る義務を負っている。

しかし、地域の特徴を出すのはどこまでいっても組織の力なのである。大国アメリカであっても小さな企業であっても、首長の姿勢や思想・実行力や決断力、何より将来像の示し方によって繁栄と衰退が決まる。

間違ってはならないのは、組織や企業にはそれぞれ役割があるということである。日用品販売会社・葬儀会社・保険会社・建設会社・病院など社会的使命を与えられて経営している。

その役割を逸脱すると社会問題化してしまう。自治体や議員にも同様に社会的使命が何であるのか検証してもらいたい。

そして、企業存続・組織存続のために欠かせないものが人材教育であり、出発点は幼児教育からであるという結論に至るであろう。

企業や組織を蝕むものとは、「停滞」である。成長するその行動が止まったとき、衰退し始める。

私は社労士という職業柄、組織の停滞をくい止め、活性化する業務を担っている。そのため、外国人の人材受け入れ業務は地域に対する貢献の1つになると考える。

日本人は、外国人が入ってくると治安が悪くなるとか文化が汚されるといった一括りに表現する。それは、鎖国時代の名残ともいえよう穿った考え方にすぎない。外国の高度人材を招聘したり、人材教育に貢献したりして、地域が活性化し、持続する地域社会とするための地域貢献は継続して行っていきたい。

第7節　人生論

これまでの人生を振り返って、改めて挑戦と挫折の繰り返しの人生だと感じた。

何かに挑戦するためには、まず学をつけなければならないが、私は、幼少期から机に向かって勉強することがとても嫌いだった。学生時代に学んだことは、お金が欲しいという欲求に対してどうやってその対価を得るのか、先輩や先生から教示いただいた礼儀作法、長期休暇を利用した仕事の厳しさといった実践的なものが多かった。

机上の勉強が実際に何に役立つのか、分からなかったのである。机上の勉強の目的をしっかりと自分の中で理解し、自分の意思で、その目的に向かうための行動ができていたならば、今とは違った人生を送っていたのかもしれない。目的と聞くと大層なもののように感じると思うが、どのようなことでも目的を持って行動することは重要である。

例えば、社労士の資格取得を目指したときは、資格取得することによって生活の糧とするという目的があった。そして、「自分の力を試したい」という目的をもって、開業することを決めた。

また、議員選に出馬した時は、議員になることが目的ではなく、議員になって何をするかが目的だった。同様に、町長選に出馬し落選したが、町長になりたかったのではなく、絶対的権限と義務を持つ首長になって成し遂げたい目的があった。

何かを成し遂げる人は誰しも「目的」という柱を持っている。しかし、例外もあり、目的が無く、開業する社労士や議員、首長もいる。しかし、その柱の無い人は長く継続することはできない。

何故なら、柱の無い人は常にブレが発生するからである。例えば、政策のブレ、決断のブレ、自身の生活のブレ、判断のブレなどである。

果たしてそのような社労士に、経営者は会社の重要な雇用政策の部分を相談し、委託するだろうか。それはまず有り得ない。

仮に委託したならば、その組織自体が衰退していくのは目に見えている。どのような事もどのような行動を起こすときにも目的を確認し、見失わないようにすることが大切である。柱がない人は信頼せず、託さないことが一番である。

学ぶことには、努力を要する。

日々努力することによって努力は実るのである。

以前、私は「努力は裏切らないと考えている」という話をした際、「それを言えるのは成功したからだ」という言葉が返ってきたことがあった。私は、その返答に驚愕した。努力について、どう考えるかは各々の見解というものが存在するだろう。

私が考える努力とは、「ある目的を達成するために気を抜かずに力を尽くして励むこと」である。ここでも目的は重要であり、それが明確でないものは、どのように努力するのか分からないのである。私は目的があり、達成したいがために、努力をする他無かった。

その結果、社労士の資格取得や「小牧社会保険労務士事務所」の設立、「有限会社レイバー」の設立、従業員を雇用し、自分の力で稼ぐ事という当初の目的を果たすことができている。目的無くして、努力をすることはできないということだけは、事実であると考える。

「継続は力なり」という言葉は誰もが知っているであろう。しかし、実際に実行するには、己の心との葛藤があるため苦難を要する。例えば、あることに挑戦することを決めたとしよう。初日は実施するだろう。しかし、次の日は、明日2倍やろうと自分の中で言い訳を探し、止めようとする。その瞬間、継続は途切れるのである。

しかし、私は止めた翌日から、改めて始めてもいいと思う。「継続は力なり」という言葉と意味が違うのでは、と思う人もいるかもしれないが、少しずつでよいから継続するという行為そのものが、重要ではないかと考えるからだ。そうすることによって、「自分は継続してできている」という満足感が充満する。この繰り返しを行うことによって、私は幾度も立ち塞がってきた壁を乗り越えてきた。

大多数の人間は、1つのことをやり終えると一息する。そして安らぎと満足感で心と体が満たされるであろう。しかし、私の場合は、時間の経過とともに心が空虚となってしまう。そしていま、未だ満たされていない心は、次の目的のために挑戦したいと騒ぎ出す。欲求を満たすための壁は何層にもなり、私の道を塞ごうとする。

この壁を打ち砕くか・乗り越えるか、手法は様々であるが、その先に何があるのか常に見たいと思う。自分でもなんて貪欲なのだろうかと思う。この欲求は、幼い頃から変わらない私の長所なのかもしれない。駄々をこねて得てはいないけれど、駄々をこねて突き進むのである。

この駄々の我儘のしわ寄せを受けるのは、家族である。何度も呆れられたり、巻き込んだり、時に心配をかけたり、反対をされたりとあったが、それでも挑戦する者を応援し支えてくれるのも、また家族なのである。

その家族を支えるものの1つにお金がある。以前の上司から「お金ほど汚いものは無い。しかし、命の次に大事なものである」と教わった。私たちは、生きていかなければならない。

生きるとは、日本国憲法第25条第1項「すべて国民は健康で文化的な最低限度の生活を営む権利を有する」と定められている通り、文化的な生活ができることを意味する。

そのためには、お金が必要である。

お金の話をすると、嫌らしく、醜く見る人もいるが、所詮綺麗事である。私が会社員をしていた時、業務でお金を扱うことが多々あった。その中で、約束手形の決済や小切手など、期日にお金がないと不渡りとなり、企業の信用失墜と倒産に追い込まれてしまう場合があった。

それは個人でも同様であり、入ってくるお金以上に浪費してしまうと、借入れをしなければ、生活ができない。借金を抱え、返済不能となった末は自己破産である。現代社会において、企業も個人もお金とは切っても切れないものなのである。

そして、前述した通り、お金は生活していく上で必要不可欠な存在であり、お金があるかどうかによって、人の肉体的・精神的安定をもたらし、選択の幅を広げてくれるのである。私たちは、生活や目的を達成するための必達額を、常に意識しなければならない。

前記した通り、事務所の理念として掲げた「懐仁仗義」は、行基菩薩様の言葉の一説を、お聖人から戴いた。「懐に優しさを持って、正義たる正しい道を示せ」という意味であるが、この精神を貫くためには、人に優しく、強い精神力と行動する身体が必要であると考える。

私は今の道を選び、社労士を糧として生活をしている。

これは様々な先生や人との出会いによって学び、そして、それに生かされているからだ、と考える。

「若くして学べば壮にして成すことあり。壮にして学べば老いて衰えず。老にして学べば死して朽ちず」との教えを知ったのは、開業後、しばらく経ってからのことであったが、常に学び、学習しなければならないと思う。

今日よりも明日、明日よりも明後日と学び続けることができる喜びを享受し、学びの先に希望のある未来があると、これからも信じていきたいと思う。

そのために、私は生涯にわたり、周りの意見に丸く収まることなく、自分の誇りと正義のために戦い続けたいと思う。

いつの世も常識は変わる。

しかし、良識は不変のものである。良識を持って義を示し、人の歩む道に明るい灯を掲げることが、私の使命だと考える。

第2章

【極意】顧問先編

本章では、これまで出会った経営者の中で気を付けた方がよい例を伝えたい。

第1節　労災隠しを行う経営者

【事件概要】

Ａ土建株式会社は、地方自治体から土木工事を請け負い、その工事を施工するにあたり、工事の一部をＢ組に下請業者として施工させた。ある日、Ｂ組が採用していたＣ労働者が右足の指を骨折し、全治１か月の労災事故が発生したという一報が株式会社Ｄの労務担当者から入った。

私の事務所と株式会社Ｄとは顧問契約の関係があったが、Ａ土建株式会社は同族関係の会社にすぎず、顧問契約を結んでいるわけではなかった。しかし、株式会社Ｄの労務担当者が、双方の業務を担当していたため、私に一報が入ったようだった。そのため、親会社である株式会社Ｄの相談業務の一環として、対応することにした。

今回の労災事故は、「自治体から請け負った工事の元請であるA土建株式会社の下請を行っていたB組のC労働者が、A土建株式会社の倉庫で、型枠製造の作業（資材を持ち上げ）をしているときに、手を滑らせて、資材が足に落下し、指先を打撲した」とのことであった。ところが、翌日になり、足先が腫れて、痛みが我慢できなくなり、病院で受診すると、骨折していたことが判明した。

労災申請を行うにあたり、株式会社Dの労務担当者が、労災申請（5号様式）死傷病報告書の書き方などが分からないため下書きをしてほしいとの要請があり、それに応じた。

その後、3か月くらい経過した頃、株式会社Dの労務担当者から連絡があり、上記労災について、監督署から事情聴取されているとの連絡がきた。何事かと思ったが、事情を聴くと、「B組とC労働者との間で労働紛争が起きており、原因は、上記労災事故のときにB組のC労働者に対する対応が悪かったようであり、それに不満を抱いたC労働者が労働基準監督署に駆け込んだ」というものだった。労働基準監督署は、C労働者の聞き取りをする中で、倉庫で怪我などしていないと言い出したため、労災申請に記載されている事故発生場所が相違していると判明し、調査に入ったのだった。労災の虚偽申請である、労災隠しの可能性があると判断したのであろう。労働基準監督署は、改めて現場検証や元請会社A土建株式会社、下請B組の当事者C労働者、書類を提出した株式会社Dの労務担当者を事情聴取していった。株式会社Dの労務担当者の証言の中で、私の事務所も関係していることから、私と相談を受けた私の事務所の担当職員は労働基準監督署に呼び出され、事情聴取を受けた。帰宅途中に、同行職員と事情聴取の内容を確認する中で、労働災害が発生した場所を、下請けB組が故意に偽証していたことが判明した。

【今回のポイント】

①労災が発生した場合、事故状況報告書の提出要求をすること。
（いつ・どこで・誰が・どのように・なぜ事故が発生したのか・第三者はいないのかなど）
②事故状況報告書とともに写真などの添付依頼をすること。

③事故の重傷度によっては、社労士自らが現場に立ち会い現場検証を行うこと。
（安全衛生法上の瑕疵や第三者行為により重大事故となった場合、死亡や障害となるような事故の場合など）
④軽微な労災の場合、立ち会わないことが多い。
（その会社や担当者が、その職責の中で責任ある業務を遂行していると信頼があるため）

【その後の対応】

本案件において、事故報告書、現場写真、労働者の診断書などが添付されていたが、まさか事故発生現場に相違があるとは誰も気づかず、当事務所は、労働基準監督署の捜査で事情聴取を受けて初めて、偽証箇所を知った。
労働基準監督署は、書類作成に関係していた社労士事務所の対応として瑕疵ある手続きは無かったと判断し、特にお咎めは無かった。
仮に、今回の件で社労士が偽造文書の作成や虚偽記載を行っていたのであれば、共同正犯とし同様に詐欺罪が適応されるだろう。その後、すべての捜査資料を基にB組は検察庁へ書類送検され、検察庁に判断が委ねられたが、結果として、起訴には至らなかった。

推測であるが、本来であれば虚偽報告により労災を隠し、不正に、労災給付を受けた詐欺行為である。しかし、労働者は、労災給付により保護されており、労災が軽微であったこと、偽証者が反省などにより、当局の計らいがあったのかもしれない。建設業界では、経営審査事項の中で、労働災害発生頻度が評価の1つとなっている。また、自治体によっては、労働災害を発生させた業者には、指名停止処分という厳しいペナルティーを科している場合もある。建設業を営む経営者であれば、労働災害による関係役所のペナルティーは十分に承知しているはずであろう。前述の通り、株式会社DはB組の同族会社であり、規模も大きく事故の事実は了知していたことであろう。

社労士事務所の顧問契約は、委託される企業との信頼関係の上で成り立っている。今回の事件について確証のある話ではないけれど、当事務所は、少なくとも役所からの信用を傷つけられた。この点を顧問先は理解しておらず、当事務所が「良くしてくれた」と思っていたことだろう。しかし、そこにはもはや信頼関係が存在していないため、信頼関係崩壊を理由に顧問契約を解除することに決めた。

【気をつけなければならない点】

多くの社労士が顧問契約欲しさに、多少の無理を聞くことがあるだろう。しかし、「白なのか、黒なのか」法的に判断することが必要であり、違法であると判断したときには、早々に去ることを勧める。時代は移り変わっても、守らなければならない線を越えてはならない。社労士業において、書類代行だけを行っているのであれば、会社の内部に立ち入らないため、信頼関係は希薄であろう。

しかし、私の事務所では、経営労務管理の観点から、顧問契約を行っているため、顧問先がより発展・成長されるためのアドバイスを行っている。従って、経営者にとっては耳障りなことや嫌なことなども告げている。相談事には、泥臭いことや醜いことも多々あるが、それを受けて、対応するのが仕事であり、役割である。信頼関係を築くことによって、経営者はどのようなことでも包み隠さず、話してくれる。

しかし、一度でもその信頼関係を崩してしまうと、信頼を取り戻すことは困難である。社労士は、発生した事実に基づき、真摯に対応しなければならない義務を負っており、会社の発展向上と従業員の福祉に寄与しなければならないと考えるからである。

今回の労災隠しは、建設業界では珍しいものではない。厳しいペナルティーが科せられると分かっているからこそ、会社は労働災害を発生させないように最善の努力をしている。しかし、小さな下請け会社は、一度労働災害を発生させると、元請け会社が使ってくれなくなるという恐怖を抱えている。そのため、特に軽微な労災は特に報告せず、内々で処理してしまうことがある。これから先、このような会社と出会うことがあるかもしれないが、このような経営者とは付き合わないことが大事であると考える。

第2節　助成金・賃金台帳の二重帳簿を平気で行う経営者

【事件概要】

ある時、税理士の紹介で株式会社Eから雇用開発助成金を利用したいので、相談にのってほしいという依頼があった。株式会社Eの労働関係や経営関係の書類（給与計算、労働保険の申告、雇用保険手続、社会保険の算定基礎届の保険料算定の書類、決算書、試算表、税務申告書、建設業の経営事項審査申請書など）は専務が行っていた。従業員を30人雇用し、就業規則や退職金規定なども整備されており、指名競争入札により公共工事なども請け負い、信頼度は高いと思われる会社であった。

雇用開発助成金は、設備投資を行い一定人数の雇用を確保した場合に、設備投資額に対して一定額の割合で補助しようというものであった。株式会社Eとは、個別契約で助成金の申請手続きを行うことにし、契約書（契約書に記載されている瑕疵ある事実が判明したときは、着手金を返還し、双方はいつでも契約解除できるという文言を含む）を交わした。助成金は、まず着手金を受け取り、手続き完了時に成果報酬として獲得金額の10%をいただくとしており、企業の受け取る助成金額が高くなればなるほど、この比率は下がった。この助成金は雇用創出の意味合いが色濃く、設備投資と同時に何人以上の雇用が必要とされていた。

当時は、雇用数を確認するために、雇用保険の被保険者数で確認していた。さらに、社会保険の健康保険の被保険者で確認するため、算定基礎届に人数及びその届出後の資格取得届の合計数で確認した。

雇用保険では、短期間の被保険者もカウントされるため、社会保険の被保険者数と一致することは、無かった。不一致を確認することで、正規社員数と短時間社員数の確認をしていた。

従業員に実際に支払われている賃金を給与台帳で確認し、設備導入後、増えた設備人員の賃金支払いが、実際に発生しているか確認した上で、支給申請となる運びであった。

ようやく設備が導入され、求人に応じて採用が決定し、従業員の就業が始まった。賃金支払いが発生したら、支給申請というところまで漕ぎつけることができた矢先、私の事務所の事務員が「賃金台帳から保険料控除されている金額に相違がある」と報告してきた。そして、「算定基礎届による保険料徴収は正確にされているが、そもそも4月から6月の賃金と算定基礎届に記載されている金額が違う」と続けて述べた。私も実際に確認したが、事務員の指摘通りであり、すぐに株式会社Eを訪問し、専務に説明を求めた。

すると、「それは、その通りでやってほしい」と告げられた。私は、賃金台帳と算定基礎届が相違している理由について、再度説明を求めた。その結果、賃金台帳が2つ存在していることが明らかとなった。

賃金台帳が2つあるということは、それに基づく会計帳簿も当然あると推定しなければならない。一体この会社はこれまで何をしてきたのかと不安を抱くと同時に、本当に設備投資したのだろうかという不信感を感じた。

このような会社の助成金を申請して、虚偽だった場合、不正受給の共同正犯として詐欺行為と取られかねないと思い、すぐに顧問弁護士に相談した。顧問弁護士は、関わらない方が得策であると教示してくれた。幸いにも、最後の申請を残すタイミングで二重帳簿が発覚したため、契約の解除を即決した。契約の時に、着手金を返還し、契約書に記載されている瑕疵ある事実が判明したときは、双方はいつでも契約解除できるとしていたため、その条文に則り、契約解除通知書を特定記録郵便で送った。この時、実費弁償に充てることで、着手金の返還義務は無かったが、敢えて返還し、この案件は収束した。

【今回のポイント】

①依頼を受けた際、経営者から様々な情報を引き出し、正確な情報を得ること。

②企業の実態・実務は正確になされているか把握すること。

③違法行為を行っていると分かった時点で手を引くこと。

【気を付けなければならない点】

このような案件の場合、実態が分かった時点で即決が求められる。そうすることによって、その決断がブレないからである。助成金の請求行為は、様々な申請や添付書類を作成し、準備していかなければ、受給することが出来ない。そのため、かなりの慎重さとプレッシャーがかかってくる上、時間のかかる業務である。

それだけに、最終段階まで漕ぎつけると、一安心するものである。そして、完了後には、報酬が待っている。苦労の末の報酬を目前に、瑕疵に気づいてしまった場合、見逃してしまおうと流される可能性がある。しかし、その決断の先には「会社側に、この事務所は目を瞑ってくれる」という印象をこの先永遠に与えることになるだろう。そして見逃すことは、私文書偽造罪及び詐欺行為、脱法行為という違法行為にあたる。

このような会社とは、付き合わないことが一番である。しかし、内情が分からない場合もあるため、受託するときに契約書をきちんと取り交わし、契約時点で契約解除事項について説明し、確認の署名を貰っておくことが肝要である。

この案件は、私が駆け出しの頃に受託したため、現在では無いのかもしれないが、当時は二重帳簿という言葉をよく耳にする時代であった。節税対策と言いつつ、脱税を行うために二重帳簿を付けて、在庫資産などをごまかしていたのである。経営者の審査事項の評点を引き上げるために社会保険に入り、勤務実態の無い技術者を雇用していると見せかけることも行われていたのかもしれない。

第3節　代替わり経営者には注意

今回の案件は、初代経営者から2代目に引き継がれたことによって、どのようなことが起きたのか伝えたい。

【事件概要】

あるところに株式会社Fという会社を起業した経営者がいた。その経営者は地べたを這うような苦労の末、カリスマ的な存在感を放ち、事業を行った。ある時、突然G氏が代表取締役になった。G氏は、創業者の子どもであったが、初代経営者の扶養の中で何不自由なく、我儘に育ってきたため、経営の「けの字」も知らないような人物であった。そのような人物が代表取締役になると、様々な問題と課題が襲いかかってきた。

まず、経営者である先代社長と幹部社員の連携の引継ぎが上手くいかなかった。幹部社員は、初代経営者が掲げた会社の理念に沿って就業してきたが、G氏にはその理念が無く、初代経営者の掲げた理念を引き継ぐわけでもなかったため、これまでと変わる環境に耐えられず、ベテラン幹部社員は次々と会社を退職していった。ベテラン幹部社員が次々と退職する中でも、G氏は自分のどこに原因があるのか理解していなかった。

そして、取引先との商談の日を失念したり、約束の時間を失念したりと失態はこの後も続いた。一方でG氏は、自分の意思に従わない従業員を疎外したり、常に上から目線で話したりするため、G氏を何とかしようとする従業員はいなかった。経営者の立場にもかかわらず、経営数字の収支が理解できず、資金に行き詰まっていても何とかなると楽観的であった。長年経営を支えてくれた税理士事務所を平気で契約解除し、最後の砦が崩れた。遂に資金が底をつくことになり、G氏はすべての銀行（7金融機関）を回り、融資の依頼をしたが、断られてしまった。G氏は、弁護士事務所に相談したが、ここでも弁護士のアドバイスを理解することができず、最終的に倒産し、従業員250人が路頭に迷うことになった。G氏が2代目となり、ベテラン幹部社員が辞めていく中で残った250人の従業員は、給与も払ってもらえなかった。初代経営者が起業し、40年栄えてきた会社は、たった2年で跡形も無くなった。まさしく、栄枯盛衰を物語った絵図であった。

【今回のポイント】

①従業員250人の未払い賃金の請求手続き。
②できる限り早く、離職票を発行し、失業手当が受けられる状態にする。
③優秀な管財人が就くかどうか。

【気を付けなければならない点】

どのような会社でも団体でも、経営者が代替わりするときには、必ず波紋が広がる。そこには2代目の色が出てくるからである。2代目が優秀だと優秀な人材を登用するようになり、それ以外の人材は振るいに掛けられる。今回のように2代目が優秀でない場合は、経営者自身が振るいに掛けられる。取引先もこの振るいをかけ、今後の付き合い方を考える。いつの世も適者生存であり、賢いだけでは生き残れないが、賢くないと生きられないのである。

そして、今回社労士が行うことは、従業員の未払い賃金の請求手続きとできる限り早く、離職票を発行し、失業手当が受けられる状態にすることである。従業員一人一人が家族の生活を担っており、早期に当面の暮らしを守る手段を実施することが求められた。このような案件になると、顧問料の数か月分の遅延が発生している場合が多い。従業員に給与の支払いを行えていない状態では、顧問社労士や顧問税理士などは、何か月分か遅滞しているのがほとんどである。税理士は、会計手続きや決算手続きが事後に多いため、損害は多少で済むだろう。

しかし、社労士は従業員の最後の1人まで離職の手続き及び各種社会保険労働保険制度の終了をしなければならない。もちろん、顧問報酬遅延の中での手続きとなるため、無料報酬業務となることが多い。該当会社に優秀な管財人が手続きに就くと、業務連携がスムーズに運ぶことができるため、せめて優秀な管財人が就くことを願う。本案件で伝えたいことは、代替わりした2代目には注意が必要であり、どちらのふるいに掛けるか、早々に決めることを勧める。

第4節　突然、会社ごと消えた経営者

【事件概要】

私が社労士として駆け出しの頃、様々な繋がりから建築現場の足場設置を行う鳶職を生業としていた有限会社Hを紹介してもらった。有限会社Hは、職人10人と事務員1人、社長を含めた12人で構成された会社であった。この会社も私と同様に創業したばかりであり、社会保険・労働保険関係の成立届などの、諸手続きから業務が始まった。そして、その会社に給与計算の処理

能力は無かったため、もちろん私の事務所で請け負った。

顧問契約を交わして2年経過した頃、顧問料の支払いが3か月程度遅延してきた。そのため、私は会社の事務所を訪問し、集金を行った。すると、社長は申し訳なさそうに小切手を振り出した。そんなに高額でもない金額に小切手を使うのか……と疑問に思った時、社長は「先付小切手なので、その時まで引き出しは待ってほしい」と言い出した。私は、どこか怪しいとは思ったが、先付小切手であっても、金融機関に行くと即日現金に変えることができることを知っていたため、止む無く受け取った。受け取った小切手は早々に現金にすべく、発券金融機関に取り立てに回した。

それから3日後、有限会社Hの事務員から「今、会社に出勤したが、会社が無い」と電話がかかってきた。正直、何を言っているのか理解できず、冷静になって、ゆっくり話すようにと宥めた。

事務員は、少し落ち着きを取り戻し、「社長から会社の鍵を預かっているため、出社日には毎日朝一番に出勤し、開錠して掃除をしていること」「職人たちは随時、出社してくるのが日課であったこと」「本日も同様に3連休明けの月曜日のため、朝早く来たこと」「会社の事務所があった場所が、事務所ごと無くなり、更地になっていること」を教えてくれた。

殊更丁寧に教えてもらったものの、理解が追い付かず、事務員には今からそちらに向かうと伝え、急ぎ、有限会社Hに向かった。有限会社Hの事務所は、プレハブ構造でできていたが、敷地面積はかなり広さがあった。しかし、到着するとそこに社屋は無く、事務員の電話通り更地と化していた……。

その現場では、事務員と職人数名が集まっていたため、社長と連絡がつかないのか確認したが、全く連絡不能であり、どこに行ったのか分からないとのことだった。社長の自宅を確認しようと思い、住所を聞くも、従業員はみんな社長の自宅自体を知らなかった。さらに、職人たちは、先月の給与を未だ貰っていないと告げた。

私は、「しまった！」と思い、急ぎ私の事務所の従業員に、先付小切手の取り立て状況を確認するように指示したが、引き落とし不能であった。顧問料の請求をするために訪問した時には、既に計画されていたことだったのだろう。文字通り会社と一緒に社長が消えた。

【今回のポイント】

①社屋も無い、様々な書類も無い。社長は行方不明の状態で残された従業員の労務管理上の手続きをどうするのか。

（会社が破産申請しているわけでもなく、ただ更地があるだけの状態）

②従業員の未払い給与をどうするのか。

③失業状態になった雇用保険の手続きをどうするのか。

④社労士の顧問料3か月分の回収並びにこの後の手続きにかかる費用をどうするのか。

【対応策】

まず、従業員の緊急措置として、離職票の発行を行い、失業保険が受給できるようにした。そして、社会保険や厚生年金については、年金機構と調整し、資格喪失の手続きをとった。従業員の賃金については、賃金未払い救済制度を活用し、労働局と調整した。しかし、社労士の顧問報酬の回収を行うことは不可能だった。

【今後の対策】

今回のような案件は特別珍しいことではなく、社労士は常に、いつ、このようなことが起こるか分からない状態で業務を行っている。私が駆け出しの頃に発生した事件だっただけに、良い勉強をさせてもらったと思えた。

しかし、会社経営状況の把握をするポイントはある。例えば、地方の場合、従業員は通勤に自動車を使用するため、その車の良し悪しで給与が分かる。次に、事務所や現場で従業員の顔色を見ると、経営状況が分かる。そして、経営者の顔色を見ると、問題を抱えているかどうかが分かる。それ以外にも、事務所の備品を見れば取り組み方を知ることができ、机の上を見ると管理状態が分かる。意外にも数字を見なくても、経営状況を把握することはいくらでもできるのである。

社労士の仕事は、会社が倒産したとき、最後の最後まで付き合わなければならない宿命を持っている。それは、人が絡んだ仕事であり、人が絡んでいる仕事には、その人の生活が懸かっているからである。それにもかかわらず、11人の従業員を残し、跡形も無く消え去るという行為は、どのような理由があったにせよ、経営者として、人としてあるまじき行為である。もちろん、会社経営に失敗することもあるだろう。しかし、その時はしかるべき手続きが存在し、行わなければならない。

第5節 就業規則・退職金規定作成完了後にイチャモンをつけ、報酬を支払わない経営者

【事件概要】

当時の世界情勢は、リーマンショックの後であり、多くの会社が窮地に陥っていた。適格企業年金制度は崩壊し、厚生年金基金が次々と破綻するといった様相の時代であった。当時私は、就業規則と退職金規定の改訂の必要性を訴え、セミナーを行っていた。

セミナー終了後、I株式会社の代表者から一度自分の会社を訪問してもらえないかという申し出があった。私は、日程を調整し、私の事務所の事務員と共にその会社に向かうことにした。

I株式会社は、公共交通機関が整っていない場所に立地していたため、自動車で向かうことになった。しかし、道中一本道の路上で交通事故が発生しており、渋滞に巻き込まれ、待ち合わせの時間に15分程度遅れることになった。待ち合わせは、午後1時であったが15分遅れ、申し訳ないとすぐに謝罪した。もちろん、その理由は事前に「渋滞に巻き込まれているため、少し遅れる」と伝えてあった。I株式会社からは、「気を付けて来てください」と返事を貰っていた。

I株式会社には、訪問の時間を有意義に使うため、あらかじめ就業規則・賃金規程・退職金規定・決算書・社会保険の算定基礎届・労働保険申告書・適格企業年金などの書類を準備しておくように伝えていた。しかし、話を始めると準備がされておらず、事務担当者が一つ一つ出してくる有様だった。決算書から書類を順次確認し、特に退職給付債務がどれくらい発生するのか見極める必要があった。

概ねの概算を伝え、就業規則の改訂と退職金規定を改めなければ、将来にわたって相当の債務を抱えることになるだろうと助言した。改訂にあたり、従業員にとって、不利益な変更とならないように十分に説明し、実施していかなければならないことなども伝え、約2時間半に及ぶ無料相談が終わった。

代表者は、依頼するかどうかもう一度検討するとのことであった。I株式会社は、従業員を50名抱えており、賃金制度は評価制度を導入し、等級制を設けていた。毎年昇給する勤続給と年齢給を併用し、基本給に加算されるというものであった。

基本給をベースとして退職金制度が連結しており、高額な退職金支払いの義務が発生していた。また、I株式会社も例外なく、適格企業年金制度をベースに退職金の給付額を取り決めていた。当時の予定利回りは4・0%で給付するというものであったが、その利回りが急激に激減し1・0%となってしまったため、給付予定額の目減り部分を会社が補填しなければならなかった。

そして、それ以上の退職金額を予定していたため、負担はWパンチで会社に圧しかかってきていた。

それから2か月経った頃、もう一度話がしたいので来てくれないかとの連絡が入った。2回目以降の相談は有料となるため、契約が確定しているのであれば、訪問する旨を伝えた。すると、契約を交わすとの回答であったため、再度訪問した。

2回目の訪問を行うと、前回とは異なり、書類がきっちりと準備されていた。早速、就業規則の改定の契約書・退職金規定の改訂の契約書・賃金規程見直しの契約書を提示して説明し、着手金と完了報酬について確認を行い、社長自らその場で契約書に代表者印を押印した。

契約が完了したため、まず、現在の退職金規定から退職金給付債務が正確にいくらになるのか、50人分の賃金から算出した。次に、現在の経営状況から退職金充当相当額がいくらであれば捻出が可能なのか計算した。そして、適格企業年金の利回り低下による企業負担増加分がいくらになるのか算出した。また、退職金の算定基礎ベースに基本給を採用していたので、この連動をストップした。賃金体系は等級制を維持しつつも、評価制度にリンクして、マイナス等級制度を導入した。

一定の整備を行うために、7か月以上の月日を費やしただろう。そして、ようやく新しい就業規則と賃金規程について、説明会を開いた。就業規則の第1条から最後の条文まで、すべて読み上げ、説明し、その後、全従業員に説明を受けたとする署名をしてもらった。また、賃金規程が変更になったことで、給与明細の手当項目などが変わり、雇用契約書を取り交わし翌々月から、当該契約書の内容で支払っていくことを確認して、初回の説明を終えた。

次に待ち構えていたのは、難関とされる退職金規定の変更であった。退職金は、賃金後払いの性格を持ち、時効も賃金債権（当時2年だったが、現在3年に変更されている）と違い、5年と長い。

単純に、退職金規定だけ変えてしまえばよいと思っている経営者は多く、I株式会社の経営者も同様に考えていた。未だ退職金を支払った人が存在せず、最初に支払う人が発生するのは5年後のため、既定の変更だけでよいと言われた。しかし、退職金は、従業員が入社した時に会社と契約した、支払い義務のある賃金債権であるため、従業員が請求した場合、絶対に支払わなければならない。

勝手に会社が変更することは許されていないにもかかわらず、この認識が希薄であった。退職金規定を変更して、将来の退職金給付債務を引き下げて経営することが、雇用の維持に繋がることから従業員に懇切丁寧に理解してもらうところまで説明し、同意を貰わなければ変更できないことを伝えた。

従業員から不満の声が上がるのを恐れたのか、経営者は不満そうであった。従業員が知らないうちに変更してしまえと考えていたのかもしれない。2回目の従業員説明会を行うと同時に、新退職金制度への変更の同意書を一人一人貰った。非常に神経を使う従業員説明会なども無事に完了し、請求書を発行した。

すると、その請求に対して、あろう事か「請求金額が高すぎる」「こんな金額は払えない」「初回の訪問時には遅れてきて！」と言い訳じみたイチャモンを付けてきた。

要するに、もう少し減額しろと値引きを要求してきたのである。

契約書に記載してある通りの金額を請求しているにもかかわらず、それが払えない。それも、ほぼ払わないと言うのである。金銭の支払い時点のトラブルは一番困る。成果物が台無しである……。

最初に交わした契約書を添付し、通知文書を送付し、請求書を改めて送った。すると、代理人弁護士から請求金額について、支払わないとの通知文書が届いた。

弁護士は、「退職給付金債務の計算は誰でもでき、単にシミュレーションをしただけにすぎない。退職金規定変更にあたって従業員の同意を得ることなど、我が会社ではコミュニケーションができているため、必要なかった」と主張してきた。

契約書に書いてあることを実施して、それが必要なかったと、実施後に主張して支払わないなど、どの世界で言えるのかと反論した。すると「実施していた内容が、期待した程度のものではなかった。従って、社長が押印をしたのは錯誤であって、無効という他ない」と再度弁護士から通知が届いた。

さらにその文書には、15万円で和解をしないかとの提案が記載されていた。

「7か月以上の期間を要し、70数回のメールのやり取りや訪問しての打合せ、従業員説明会、雇用契約書の締結、退職金規定変更の同意書の締結手続きをすべて完了」し、これに対する対価を、正当に請求したにすぎないにもかかわらず、どこから15万円という金額が出てきたのだろうか……。人を騙し、業務させたとしかいい難い行為に弁護士が加担し、このような文書を送ってくることは、許されることではない。

改めて、当事務所が行った行為のすべてを記載した文書を作成し、日時・訪問回数・業務内容・契約書との整合性のポイントを書きあげ、当該弁護士に対し「仮に、あなたの事務所がこれらの契約に基づいて時間と労力を使って行った結果、対価を要求されないのか。あなたが弁護士事務所として請求される行為とは一体どんなことを行った時なのか」回答を求めた。すると「社労士事務所が行った就業規則変更の従業員説明会及び雇用契約書の作成取得など、水臭いことになるから必要ないと思っていたが、指導に従った。退職金規定変更による同意書なんて依頼をしていない。だから支払わない」と反論してきた。

イチャモンの極みだと感じた。

私は、力量のある良い弁護士とかなり多く付き合いがあるが、中にはこんな弁護士もいるのかと思うと、法曹に関わる者として情けなくなった。そこで、「代理人弁護士が通知してきていることは全く理解できない。よって、当該契約書とその事実関係を綴った書類ファイルを提示し、弁護士事務所の管轄弁護士会及び法務省に対し、苦情の申立を行うとともに、私の事務所が行ったすべての行為及びノウハウの取り消しを行う」旨を通知した。就業規則、退職金規定、賃金規程を従前に雇用契約書、退職金規定変更同意書など労働基準監督署への届出等すべてであると書き添えた。すると、「契約通り払う」との通知が来た。

【今回のポイント】

①就業規則改訂の申込契約書・賃金体系変更見直し契約書・退職金規定見直し契約書を取り交わし、経営者の面前で説明し、費用がどのような程度かを認識して押印しているという事実。

②作成するプロセス、タイムスケジュールなどを作成し、事前に渡していた。

③従業員説明会の日程はあらかじめ決めてから、その日に実行していた。

【対応策】

個別契約を交わした際、最初にその業務内容・業務遂行スケジュール・完了日・請負金額・支払日などをしっかりと明示した契約書を経営者の面前で説明し、了承したとする署名と押印を貰うことが必要である。それがあることによって、契約に基づいた業務の遂行が確実に実施されたのであれば、どのような場所からイチャモン的な言いがかりをつけられても対抗することができる。

また、事実関係を時系列で説明できるように常に業務の遂行をすることが肝要である。

【今後の対応策】

素晴らしい経営者がいる一方で、今回のような経営者も存在するため、このような行為をする経営者には気を付けなければならない。また、労働法を理解していない弁護士が安易な記載文書（退職金規定変更の従業員同意は不要）を出してくる場合もある。そのため、社労士は、現状把握・要件事実の確認・意思決定・処理実行を頭の中で、常に描くことが必要である。

今回、I株式会社の行った行為は、債務不履行及び不正行為、欺罔行為による詐欺罪として十分違法行為にあたることだろう。この当時は、スマートフォンの普及が進んでいなかった時代であったため、従業員個人が情報をすぐに取得することはできなかったが、今は即時に、従業員が情報を得ることができる。適正で、違法性の無い業務推進が求められるが、経営者には真摯な対応を期待したい。最終的には、業務完了の報酬を回収することができて良かったが、何とも後味の悪い仕事であった……。

第3章

【極意】顧問先の従業員編

本章では、これまで出会った顧問先の従業員で気を付けた方がよい例を伝えたい。

第1節　労働紛争による裁判の大半は書面主義である

【事件概要】

ある株式会社は店内内装デザイン及び設計施工を行い、40人程度の従業員を雇用していた。創業者は、従業員の労働条件を少しでも向上させ、高い給与を支給できるように事業運営を行っていた。

創業者は、労働関係法令が変わりつつある世の中で、従来、特別手当として残業相当分を支払ってきたが、その表示が従業員から見たとき不明確ではないかと考えるようになった。そして、平成18年に、特別手当の意味合いを明確に示すため、固定残業手当と名称も改め、同時に労働時間は従前の就業時間よりも短縮した就業条件とした就業規則も改訂した。

創業者は、賃金支払の手当項目やその意味合い及び計算方法について、従業員に説明会を開き、「固定残業手当は1か月50時間を想定し、残業しない場合も固定額を支払うものとする。50時間を超えた場合は、残業申請方法により、従業員が請求し、上司の確認の上で支払う」と説明した。翌月から給与明細に特別手当の記載が無くなり、固定残業手当と明記されるようになった。

その際、すべての従業員から変更についての疑義などの問い合わせは無かったため、十分に理解を得られたと考えた。

就業規則の届け出及び労働者代表の意見書を添付して本社所管の労働基準監督署に届出をし、その後、固定残業手当は基本給などの昇給により増額となっていった。

すべての従業員は、計算の基礎は理解していなくとも、増額となっている根拠が就業規則の変更によるものであることは十分に理解していたことだろう。創業者は、平成21年に労働契約法が施行されることを理解していたため、雇用契約書、身元保証契約書、機密情報漏洩禁止誓約書、通勤手当支給申請書等の提出を従業員に求めた。

ところが創業者は、賃金の支払いについて、契約書を結ぶということに嫌らしさを感じ、雇用契約書だけ取り損ねていた。その後、A氏は13年、B氏は5年就業し、各々自己都合により退職した。

退職から半年程経過後、A氏とB氏の代理人弁護士から、未払い賃金の請求書が内容証明郵便で届いた。会社は、即時に顧問弁護士に相談したが、そのうち訴状が届いた。

請求期間に、実際に未払賃金が発生していたとすれば、訴訟になり、付加金請求され、倍額の支払いとなることは目に見えていたため、出勤簿と残業申請書の確認を行った。すると、計算間違いや失念した箇所が発見されたため、即座に支払いを行った。

ところが、A氏とB氏は、固定残業手当が残業分の支払いであることを聞いていないと主張し、残業計算基礎に基準内賃金として含めて計算した金額を支払うように請求してきた。

1か月50時間を固定残業手当として支払ったにもかかわらず、2000万円（50時間分×12か月×2年間分）を支払えというのである。

【今回のポイント】
①固定残業手当についてA氏とB氏は合意していたのかどうか。
②合意していたことを示す書類があるのかどうか。
③雇用契約書があるのかどうか（固定残業手当の残業時間数は何時間であるか明記する必要がある）。
④雇用契約書がある場合、両者が合意している事実があるかどうか。
⑤就業規則の周知徹底ができていたのかどうか。
⑥就業規則を確認したという署名があるのかどうか。
⑦賃金支払い時に、固定残業手当の項目で明示されているかどうか。

【今後の対策】

本案件は、今回ポイントとした書面が一切ないという点に問題がある。20年前と現在では外形的要件（書面・証拠主義）が揃っていなければ、主張は認められないのである。

例えば、賃金の合意形成が立証していたかどうかについても、民法上は口頭でよしとされているが、裁判となれば、書類・証拠が求められる。

そして、裁判所はあくまで公正な立場に立っているが、社会的弱者である労働者保護の味方の方が強いのが現実である。雇用契約書に記載しなければならない事項について、必ず従業員と確認して、同意を得た書面（同意書等）を用意することが非常に重要である。

また、今回割増賃金の計算をするにあたって、残業請求の元になる始業と終業時間を業務日報から調べる中で、A氏とB氏が通謀して、本株式会社の業務を個人事業主として行っていることが判明した。

A氏は営業担当で本株主の顧客から仕事を請け負い、本会社のデザイナーに仕事をさせ、施工管理はA氏とB氏で作った個人事業所で請け負った。

このことにより、背任罪、特別背任罪、詐欺罪などにあたると考えられる。本案件は、まだ論争中であるため、どちらの結論となるかは分からないが、書類の重要性は理解いただけたことだろう。

第2節　いたずら電話で解雇予告除外申請を受けた従業員

【事件概要】

ある介護施設でC氏は介護職員として働いていた。C氏は真面目で大人しい人柄であり、介護者からは丁寧な対応をしてくれると比較的評価の高い従業員であった。それは、事業経営者も認めるほどであったが、C氏は業務中にもかかわらず、頻繁に誰かと携帯電話で話しているという少し変わった一面を持っていた。周囲の従業員も電話が多いことに気づき、注意したことがあったので、相当な頻度であったことが見受けられる。

そんなある日、事業経営者の元に「C氏を逮捕した」と警察から連絡が入った。経営事業者は突然のことに仰天し、逮捕された事情について聞くと、「C氏はテレホンショップ会社に数百回にわたり、電話をかけていた。テレホンショップ会社は、頻繁に迷惑電話がかかってくることで、業務妨害を受け、警察に告訴した。その後の捜査で、当該介護施設で雇用しているC氏が行った行為だと判明し、逮捕に至った。」とのことだった。

C氏は警察の事情聴取の際、「女性の声が聞きたかった」と供述し、行為の事実を認めていた。

C氏が実際に行った行為は、商品の問い合わせの電話であったり、無言であったりと電話相手の気分を非常に害するものであり、不快で、恐怖を感じさせる行為であった。そして、これらをほぼ毎日、1日に数回ずっと繰り返していたという。

警察はさらに「今回の事件について、マスコミが取材していたため、翌日には新聞に掲載される。ただ、業務に関連しての犯罪ではないため、事業所名までは出ない」と告げた。

事業所名は出ないとのことだったが、事業所の職員という掲載がされてしまい、記載されている内容から事業所が特定できるのではないかと事業経営者は不安を感じた。

事業所を特定されたことにより、信用失墜に繋がりかねない状況だと焦り、急ぎ、社労士事務所に相談に来た。

事業経営者は、単刀直入にC氏を解雇してもよいかどうか聞いてきた。懲戒解雇には無理があるため、普通解雇の方向で進めてはと助言を行い、労働基準監督署に解雇予告手当除外申請を行い、認められれば、解雇の方向とすることにした。しかし、C氏の現状はというと、逮捕されたが、刑の確定がされておらず、警察で拘留中であった。

このままでは、C氏に会うことが叶わないため、身元保証契約上の身元保証人に連絡し、ことの顚末を話し、C氏に「退職してもらえないか？」と伝えることにした。

身元保証人は、C氏と連絡を取ったところ、C氏自身で退職の意思を表明し、退職届を受け取って来てくれた。一方、労働基準監督署は、解雇予告手当除外申請に対し、除外を認めることになった。

【今回のポイント】

・偽計業務妨害を行う人に、介護職という業務を続けてもらうことができないとする判断を即決で行った点。

【その後の対応】

今回の案件は、警察との情報のやり取りやC氏が犯した罪の重さを確認し、どの程度の量刑が下されるか分からないが、少なくとも刑は科せられると判断し解雇相当に動いたことで、事業所としての信用失墜には至らなかった。労働基準監督署への解雇予告除外申請も素早く対応したために、申請が通り、良い結果となった。C氏が行った行為は、偽計業務妨害罪（他人のふりをして、業務を妨害する行為であり、非常に悪質な行為）と脅迫罪にあたるだろう。

【今後の対策】

事業経営者は、事業所内で私用携帯電話の使用は禁止し、事業所からの貸与による携帯電話を使用することを義務付けた。

この対策は、今回のことが教訓となり新たに導入されたものである。事業所の様々な情報が携帯の電話やメール、メッセージなどには記録されているため、情報漏洩防止の観点からも私用携帯の使用は禁止された。

第3節　資格保持者＝仕事ができるとは限らない

【事件概要】

ある税理士事務所では、顧問先の会計処理の委託を受けて行う記帳業務や決算書作成業務、毎月企業を訪問して経営のアドバイスを行うコンサルを請け負っていた。その事務所にD氏が入社してきた。D氏の指導係として業務スキルの高い上司が就くことになった。

上司の指導の下、記帳業務である顧問先の毎月の会計データをPC入力していたが、度々2つの顧問先のデータ入力を同時に反復して行うことがあった。この行為は、間違いの元になるので、上司からしばしば諌められていた。そして、上司が案じていた通り、間違いが起こった。上司は今後の対策として、D氏に対し、報・連・相の徹底と一業務終了毎に指示を出すので、報告するように手取り足取り指導を行った。当然、上司の業務遂行能力は低下した。そんな折、D氏は税理士試験に合格した。

資格取得ができたD氏に対して、新たに申請書などの作成業務遂行の指示が出た。上司はD氏が資格取得後、指導することはせず、D氏の業務を消化することに努めていた。上司であるが故に、D氏が失敗する度に責任を取らなければならず、その頻度の多さにより、業務停滞が頻繁に起こっていたからである。

結果として、D氏の業務遂行能力は1年経っても成長していなかった。そのような裏の事情を知らない経営者は、D氏が仕事をできるようになってきたと勘違いし、顧問先訪問の経営アドバイス業務に就かせてしまった。この業務は、担当事務員が作成したデータに基づき、税理士が分析し、特にデスポイント等を指摘し、顧問先に改善を促すというものである。これを1回あたり2時間程度の面談を行い、1日に3件から4件の顧問先を回るのである。

D氏にも、他の税理士と同様に業務を始めたが、2か月が経過した頃、担当事務員から悲鳴の声があがった。D氏の指示は、前日の17時頃に作成依頼をし、期限は、明日の訪問までというものだった。事務員は、深夜を回る午前1時に作成し、自宅に帰るという日が度々あったという。

そして、顧問先を訪問するようになって3か月が経過した頃、経営者の元に「D氏は約束の時間には来ず、2時間を予定している面談を10分で帰り、酷いときには訪問にも来ない。質問しても的確な答弁は無く、後で回答すると言いながら、その後の返答も一切ない。訪問指導をD氏から別の先生に代えるか、代表先生に来てほしい」との電話が入った。D氏の事を知る由もなかった経営者は、仰天していたが、そんな中もう1本電話が入った。

それは、「D氏の指導が間違っており、法律に抵触するため、顧問契約を解除したい」という内容であった。経営者は、取り急ぎ事実確認を行ったが、顧問先からの指摘通りであった。

実態確認をするとともに、D氏を事務所内業務に転換させ、顧問先からの質疑に対し書類作成の指示を出した。

通常の事務員であれば、4日程度で完成させられる書類をD氏は、1か月以上かけて作成し、それは法的根拠を理解していない間違いだらけの書類であった。ようやく経営者は、D氏の業務を上司が処理していたことや顧問先の訪問を正しく行っていないことを知ったのであった。

経営者は、これ以上D氏を継続雇用することはできないと考え、私の事務所へ相談に来た。


【今回のポイント】

①D氏に対する経営者の考え。
②事実確認
a．長年指示していた業務はどのように行っていたのか。

b．訪問資料作成の指示にパワーハラスメントは無かったのか。

c．顧問先を訪問しないで何をやっていたのか。

d．顧問契約を解除されるほどの指導に一体どのような行為があったのか。

e．指示された書類の作成やその意味を理解して、顧問先にアドバイスをしていたのか。
③事実確認後、D氏に弁明の機会を与え、認否確認を行うこと。
④違反行為によって、どのような法律が適用されるのか。

【実例に基づいた確認事項】

①　経営者は、D氏に対して「D氏を信頼していたが、実際は全く業務ができず、訪問業務に従事していなかったことから、職務放棄をしていたと考える。そして、顧問先の信頼を悉く無くし、顧問契約を解除されたという結果に基づき、継続雇用を望まない。また、D氏の力量が事実なのかどうか、経営者の面前で確認した上で、最終的に退職してほしい」という考えを持っていた。

②－a．経営者は、長年指示された業務実態について、D氏に顛末書と報告書を提出させ、その上で報告書に記載された業務上作成された書類の税務申告の数字等について、PCを使い、導き出した根拠を実践的に面前で実施させた。そこで、PCの操作自体ができないことが明らかとなった。顛末書に記載されたD氏の業務遂行の手順の記載は事実と相違しているのではないかと指摘して初めて、

パソコン操作等は業務の停滞を防ぐために上司が行っていたと吐露した。経営者は、上司に顛末書を提出させ、事の顛末の報告を求めたところ、上司は「D氏に対して何度教育しても理解されない。しかし、決算期が近づき、顧問先に迷惑をかけるわけにはいかないため、代替していた。また、通常の業務においても初歩的な箇所での間違いが多いため、次の段階には移れず、資格取得後に指示をしても怪訝な顔をされるようになったため、指摘をしないようになった」と申し訳なさそうに、報告した。以上の事から、D氏の業務懈怠が明らかとなった。

②-b.

経営者は、訪問資料の作成指示にパワーハラスメントは無かったかどうかについて、資料作成に携わった事務員に、深夜まで労働を行う必要があった事情について確認した。すると、「訪問予定は1か月前に決まっていたにもかかわらず、D氏の指示が前日の17時以降に行われており、対象訪問先が翌日という非常に時間の無い指示であったこと」「D氏が資格保持者という優位性を翳した高圧的な指示だったため、従わざるを得なかった」と証言した。しかし、D氏に提出させた顛末書には、1か月前に指示したと記載されており、再度D氏に確認したところ、悪意のある顛末書の虚偽を認めた。

②-c. 経営者は、顧問先を予定通り訪問しなかった事情についてD氏に問い詰めたところ、車で寝ていたと証言した。職務放棄と任務懈怠にも程がある行為であった事実が確認された。

②-d. 経営者は、顧問契約を解除される指導とは、どのような行為を行ったのか、あらかじめ顧問先に確認した。顧問先は、「税務申告の6か月前から相談していた経常利益が出そうなため、本年度設備として特別償却するなどの策を講じたいとの相談に対して、一向に回答が得られず、決算日の直前になってから相当利益が出ると言

われた。そして、そのまま申告したために多くの税金を納めることになり、設備投資計画は当該決算期には間に合わず、会社は機会損失となった。」と教えてくれた。当初、この事実に関してD氏は否認していた。そこで、相談時期・試算表作成時期・申告書作成の時期を調べたところ、D氏の書類作成と回答遅延によることが原因だと判明し、証拠を突き付けた上で、再度D氏を問い詰めたところ、ようやく自分の非を認めた。この件に関してもD氏の業務懈怠が巻き起こした問題である。

②-e. 経営者は、指示された書類の作成やその意味を理解して、顧問先にアドバイスをしていたか確認するも、指示された内容を理解せず、担当事務員に書類を作成させていたため、顧問先に何度提案しても、顧問先が納得しなかったことが判明した。

③ 経営者は、事実確認後、D氏に弁明の機会を与え、顛末書と報告

書に基づき、時系列に沿って事実確認を行った。それらは、これらの行為について、D氏が認めるのかどうか確認するためである。

以上の事実確認に基づき、経営者は、D氏を信頼に値しない人間と判断し、任せられる仕事が無い今、退職してほしいとの意向を示した。

その意向は、当事務所に預けられることになったが、「D氏を解雇すると不当解雇の主張で訴えられる可能性があるため、それだけは決してしないように告げ、退職勧奨とするように」と助言した。

経営者は、D氏を呼び、事実関係を確認の上で、「辞めてもらえないか?」と告げた。D氏は不服そうな顔で了承したものの、退職届は提出してこなかった。私は、経営者に再度「D氏に退職届を持ってくるよう要求するように」と助言し、ようやく提出があった。

しかし、その退職日は、3か月先の日付が記載されていた。

経営者は、解雇することができず、任せられる仕事がない以上、止む無しと考え、D氏に退職日まで休業する文書を通知した。D氏は、休業に対しての理由を求めるとともに休業補償はどうなるのかと訴えてきた。私は、「使用者のやむを得ない事情により休業させる場合には、平均賃金の60%以上の休業手当の支払いが発生するため、休業手当を支払う必要があること」を経営者に助言し、D氏にも同様の説明を行うことで納得した。そして、D氏は休業補償の前に残っている有給を使用すると言い、届け出を出し、帰っていった。

経営者は、なんて奴だと内心では思いつつも、被害の拡大は防げたと一安心していた。しかし、事態はこれで終息しなかった。

この税理士事務所では、退職するすべての人に対して機密情報漏洩禁止誓約書（クライアントなどの情報など）や競業避止義務誓約書（同業他社への勤務・周辺地域での開業禁止、但し当税理士事務所が認めた場合は除く）を就業規則で定め、入社時に説明を行い、退職時には届け出ることとしていた。D氏の退職にあたり、当該書類を要求したが、一向に提出せず、退職した。後日、この税理士事務所の周辺でD氏が独立・開業していることが発覚した。そして、顧問先を何社か持っていかれたとのことだった。

④　今回のD氏の一連の行為は、会社の信用を失墜させた信用毀損、業務妨害罪、担当職員に越権的・高圧的指示によるパワハラの不法行為、職務放棄による債務不履行、幾度にも及ぶ偽った顛末書・報告書による詐欺罪など幾重にも重なる違法行為が行われていると考える。

本案件より、会社側の対策としては、入社の時の就業規則の周知義務の徹底及び雇用契約書の締結は絶対必要不可欠であると言える。誓約書を提出しなかったことについて、後日談を聞き、なるほどと関心を覚えた。それは誓約書を提出すれば、同業他社への就業・開業を禁止した不正競争防止法違反行為として訴えられるからである。それ以外にも違法行為を行っているため、今更感は否めないが、顧問先を引っ張ることができたのは、D氏の実力からでは無く、税理士資格看板であったのだろう。

士業を生業とする1人として、D氏がどれだけ継続して業務を行えるのか、見ものであると考える。

第4節　就寝時間（休憩時間）が労働時間にあたるのか

【事件概要】

株式会社Eホテルは、3階にアミューズメント施設があり、4階に宿泊施設があり、従業員を250人程度雇用していた。ある日、F氏は面接を受け、就業条件は「午後5時から午前8時までの夜勤業務であり、午後10時から午前5時までは就寝時間を確保した1日8時間1週40時間」とし、給与体系は「基本給・職務手当・深夜手当（固定）・通勤手当」で構成されている雇用契約を結んだ。

F氏が入社する際、雇用契約書を双方で確認し、「給与体系の1つである深夜手当（固定）は、夜勤務に対する補助給の意味合いであるため、午後10時を超過した場合には、従事する者が割増深夜残業を申請するという制度を取っている」との説明を受けた上で契約を交わした。F氏は4階の別館の担当となり、夜勤業務従事者はF氏を含めて5名で構成されていた。班長は1か月前に勤務体制の深夜業務に従事する5人のシフト表を1週40時間で組んでいた。

F氏が入社して8か月が経過した頃、突然「深夜労働をしているのに割増賃金が貰えないのはおかしい」と訴えてきた。Eホテルは、超過勤務した場合には申告制をとっており、上司に残業許可申請書を提出して、許可を得て残業するか又は緊急やむを得ないときは、後日その旨を書き込み、上司に申請して支払いを請求する仕組みになっていることを説明した。しかし、F氏は夜10時から午前5時までの間の割増賃金を求めてきたのである。F氏は労働基準監督署に何度も足を運び、違法性を訴え、労働基準監督官が労働条件調査を行うまでに漕ぎ着けた。

Eホテルはよい機会だと思い、ホテル館だけではなく、全施設のすべての労働環境条件について調査を受けることにした。就業規則・雇用契約書・賃金台帳・労働者名簿・出勤簿・健康診断書・36協定等各種届け出書を確認され、是正を受ける箇所もあった。しかし、F氏の訴えに対する支払いについては、指摘は受けなかった。

ある日、労働組合から団体交渉の申出書が届いた。それは、F氏が組合員となって加入した労働組合が交渉の申出をしたものであり、「深夜従事者全員に深夜割増賃金の支払いを請求する」「Eホテル内でセクハラ行為が発生しているため改善を求める」「突然雇用契約を解除されたため、不当解雇として争う予定だが、事前協議がしたい」との内容であった。そこで、会社と労働組合側から3名、F氏及び他の従業員3名の計7名で団体交渉を行うことになった。組合書記長は、開口一番に深夜割増賃金の未払いについて請求し、同行していた女性従業員がEホテルの支配人からセクハラを受けたため、その対応について要求してきた。そして、期間契約社員を突然更新しないとEホテルが言ったため、不当解雇であると主張してきた。

会社は、「Eホテルは深夜割増賃金について労働基準監督署の判断も合わせ、支払い義務が無いため支払わないとし、セクハラについては事実確認をするとした。契約社員の不当解雇は言いがかりにすぎないと言い除けた。この不当解雇については、E氏が不当解雇を訴える社員を唆し、圧力のために同行させたように見受けられた。その後も、交渉は続いたが、認否確認の整合性が取れていない団体交渉は有耶無耶と成り果てた。（本案件では、深夜割増賃金請求に論点を絞るため、団体交渉の詳細については、別途下記に記載する）。F氏は団体交渉後、Eホテルを退職した。

一段落したと思った矢先に、F氏の代理人弁護士と名乗る者から深夜割増賃金の未払い請求の訴状が届いた。Eホテルは、事の詳細を時系列に沿って書き出し、答弁書をF氏の代理人弁護士に送った。

それから1年過ぎた頃、別のF氏の代理人弁護士から同様の訴状が届いた。代理人弁護士がなぜか変更になったのである。原告であるF氏は深夜の就寝時間が待機時間のため、その間も労働であると主張し、その賃金（月給30万円×1日7時間×22日×12か月分＝400万円超）の支払いを求めた。

【今回のポイント】

①F氏は深夜業務に従事しており、午後5時から翌日の午前8時までの長時間に及ぶ勤務体制であったこと。

②Eホテルは、1日の労働時間を8時間、1週40時間の1か月変形労働時間制を採用していたこと。
③休憩時間が午後10時から翌日の午前5時までとされていたこと。
•休憩時間は自由であり、自宅に帰って就寝することも可能であった。

•Eホテルは福利厚生の一環として、ホテルの一室を深夜業務従事者が就寝できるようにしていた。

•F氏はEホテルと自宅との距離があることから、常にホテルに泊まり、泊まっている深夜に電話がかかってきたときに、その対応をしていたと主張していたこと。


以上より、就寝時間が休憩時間では無く、断続的労働であるため、賃金の支払いが必要かどうか争われた。


【結論】

今回の案件で鍵となったことは、「ビソー工業事件」の最高裁判例（仙台高裁平成26年8月26日判決）である。

「ビソー工業事件」は、今回のF氏と似た主張に基づく裁判であった。平成24年1月25日に仙台地裁は、原告である労働者（警備員）側の主張を認め、一部時間外労働などの賃金とこれに付帯する利息の支払いを命じる判決を下した（但し、損害賠償、慰謝料などの請求は退けた）。被告である会社側は、

「①仮眠・休憩時間は労働から解放された時間にあたるかは、その時間に実作業に従事した割合ないし頻度から客観的に判断すべき

②原告らの主張する「最高裁大星ビル管理事件判決」は警備員が仮眠中に1人で待機し警備業務などに従事していたもので、本件は4人体制であり、2人ずつ交代制で休憩・仮眠を取っているため事案を異にする

③実際、休憩・仮眠時間についた実作業への従事割合は極めて低い

④仙台労働基準監督署の指導を受けた際、休憩・仮眠時間の割増賃金の不払いの指摘を受けたことはない」の4点を主張した。

判決では、「実作業に従事していない時間が労働時間に該当するかは、使用者の指揮命令下に置かれていたと評価できるかにより、客観的に定まると解される。緊急時、実作業に従事することが義務付けられている場合、それが

皆無に等しいなど実質的に義務付けられていないと認められる特段の事情がない限り、労働基準法上の労働時間にあたるべき（最高裁大星ビル管理事件判決）」との判断を下した。

しかし、被告である会社側は、仙台高裁に控訴。警備員らは休憩・仮眠時間中といえども、待機が義務付けられ非常事態に備えて緊張感を持続しておく必要があることから、時間外労働として割増賃金並びに損害賠償金の支払いを主張した。

そして、平成25年2月13日に仙台高裁は、

「①仮眠・休憩時間が一般的、原則的に労働時間にあたると認めることはできないとし、

②実際に作業に従事した場合の時間外労働として、その時間に相当する未払い賃金を請求することができるに留まるとした」

《仙台高裁の判決を受けて、原告である労働者（警備員）側は上告したが、最高裁は上告を棄却し、高裁判決が確定した。判決では、被告（会社）側の

詳細の主張について、ほぼその通りに認定され、「仮眠・休憩時間中の実作業に従事する必要性が生じることが皆無に等しい状況であった」との結論に至っている。》

上記《》内はすべて左記より引用

（引用先：警備業界、警備会社、警備員における問題点２０１６年10月７日金曜日　最高裁、上告を棄却　仮眠・休憩時間は労働時間外 https://security-problem.blogspot.com/2016/10/blog-post_7.html）

以上の判例より、本案件は「数名以上で深夜残業に従事し、休憩時間が確保されている場合には労働時間ではない。但し、休憩時間に就業した時間については、割増賃金の支払いが必要である」と立証した。裁判所は、超過時間が一部存在することから、その支払いが必要なことを示し、両者和解となった。

本案件は、事実認否を含む準備書面（出勤簿、賃金台帳、作業日報、シフト表、残業申請書、就寝場所の見取り図、過去1年間のF氏の出勤日に対する同業務者の従事状況、就寝時の服装、就寝前と起床後の行動〔他の従業員を含む〕など）を次々と集める必要があったため、苦慮することになったが、これほど判例に合致した案件はそうないだろう。

超過時間が実在した事実がある以上、多少の支払いを行う必要はあるものの、実質的Eホテルの全面勝訴であったと考える。

また、有耶無耶となってしまった団体交渉についてだが、Eホテル側に改善点があれば見直し、違法行為であろうと考えられることは正す姿勢で臨んだ。セクハラに関しては、事実認否を行い、当事者に面談・顛末書の提出・弁明の機会を与えて聞き取り調査を行った結果を団体交渉時に伝え、完結した。

不当解雇だとの訴えは、入社時からの雇用契約書及び就業規則の条文を明示し、団体交渉の場で提示し、完結した。残るF氏の未払い賃金請求は右記の通り、代理人弁護士に移管され、個別訴訟となったため、労働組合との団体交渉は終了となった。

第5節　背信的悪意者の計画的訴え

【事件概要】

G氏は株式会社H化粧品販売店で化粧品販売員として株式会社Hの商品を販売するために雇用された。ところがある時、店長は、G氏が来店する婦人に他のブランドの商品を勧めていたとの情報を聞き、実際にその現場を目の当たりにした。

情報は事実であり、G氏が勧めていた商品は、G氏が別の化粧品販売店から手に入れたものであった。そして、それらを同僚の従業員に勧めていたことが判明した。

株式会社Hの店舗を利用し、別の商品を販売し、その収益は、自分の懐に納めていた。これは、確実に背信的悪意者といえるであろう。

店長は感情のままに怒り狂い「どういうつもりなのか」「このような事をしてただで済むと思っているのか」「この行為は犯罪だ。責任を取って辞めろ」

と怒鳴った。

G氏は、翌日から出社して来なくなった。

それから数日経ったある日、「精神障害により休業を要する」と記載された診断書が突然送られてきた。何のことかと思った矢先、労働組合から団体交渉の申し出が来た。店長は一体何のことか意味不明だと私の事務所に相談に来た。団体交渉の内容は「解雇は不当だとし、解雇の撤回を求める」「精神障害は、会社のパワハラによるものであるため、救済を求める」というものであった。


【今回のポイント】
①1人でも加入することができる労働組合があり、その会員にG氏がなっている以上、理不尽であっても、団体交渉に応じること。
②店長であり、怒り心頭となる気持ちも理解できるが、「辞めろ！」といった暴言は絶対に言ってはならない。
(即日にでも、精神科を受診し、診断書を貰う手際の良さは計画的だと推

定しなければならない）

③精神疾患はどこで、どのように発症したかは分からないが、その要因となる事件があったとするならば、関連付けてくると推測しなければならない。

【今後の対応】

このような従業員とは争わないことが鉄則である。

腹の中は煮えくり返っていたとしても、ぐっと我慢し、「労働組合が解雇の撤回を求めてきていたが、解雇とは言っておらず、突然出社しなくなり、心配をしていた。早く出社するように」と申し出た。

労働組合は、会員（G氏）は復職できないため、お金で解決したいと告げてきた。あとは金額が折り合うよう折衝するだけとなる。結果として40万円で収束することができた。

精神疾患の発症を主張していたけれど、その主張はどこにいったのだろうか……。

現実に、精神疾患を罹患して苦しんでいる人たちが多くいる中で、このような人がいるのは遺憾であった。

【今後の対策】

今回の事件は、店長の暴言を利用した解雇予告手当または不当解雇による損害賠償要求の手口であったため、店長に今後絶対に暴言を吐かないことの徹底を要求した。

他の会社の商品を株式会社Hの店舗を利用して販売し、お金を得ていた行為について、背信的悪意者ではあるが、会社のお金を横領していたわけではないので、業務上横領とは言い難く、軽微な犯罪になると考える。

今後の対策として、就業規則に「職場内外を問わず、当社が扱う商品以外（他の会社の商品）を直接・間接的に販売し、その金銭を受領してはならない」と服務規律及び雇用契約書に追記した。

第4章

社会の現状と状況

第1節　第二次世界大戦からの復興とバブルの崩壊

昭和14年、ドイツ・ポーランドの侵攻により始まった第二次世界大戦は、史上最大規模の戦争となった。この戦争により、日本では200万人以上の戦死者と国富の4分の1が失われたといわれている。

終戦後の日本の大きな課題は、戦争により壊滅した日本経済を立て直すことであった。GHQ（連合国軍最高司令官総司令部）が主導となり、経済政策を進め、生活救済資金や産業復興支援金を提供した。また、農地改革や財閥解体、労働組合の活動支援などを行うことによって、日本の経済復興を支えた。

その後も様々な問題が起こり、混迷した経済状況であった日本だが、朝鮮戦争を機に特需が発生し、好景気に転換した。これが所謂「高度経済成長期」の始まりである。この間に日本経済は年平均10％もの成長を遂げた。この時期に技術の革新が起こったのである。

自動車産業・電気機械業・化学工業・造船業など企業が海外から革新的な技術を取り入れ、新しい設備を導入し、会社の規模を拡大していった。また、耐久消費財である冷蔵庫・洗濯機・白黒テレビが三種の神器と呼ばれ、家電市場が拡大。これらの普及に伴い、人々の生活水準も向上した。このような、各産業の市場拡大や製造設備導入の動きを先に読んでいたのが鉄鋼業である。

大規模な製鉄所の新設を進め、生産量を大幅に拡大させ、生産効率の向上を推し進めた。「投資が投資を生む」状態が続くことで、連鎖的に各産業の生産性が向上し、雇用者数も増大していった。

その後、昭和39年に東京でオリンピックが開催され、東名高速道路や東海道新幹線が開通するなど、周辺地域のインフラが整備されたことで日本の景気はさらに高まった。昭和43年にはGNP（国民総生産）がアメリカに次いで2位となり、名実ともに日本は「経済大国」となった。

当時の日本企業は、終身雇用制と年功序列型の賃金体系による「日本的経営」を行っていた。長期雇用を前提とした年功序列式の人事システムは、「若手労働者の採用・育成をすることで、効率的な組織運営を行う」というメリットがあり「長く働けば、昇進できることから、愛社精神や仕事への意欲を高める」という効果があった。この日本独特の経営手法が高度経済成長期の日本企業を支えていた。

その後も、年平均5％という安定的な経済成長を続ける日本だったが、グローバル化が進んだことにより、貿易摩擦という弊害が生まれてしまった。ドル高円安が急速に進んでいたことに、危機感を覚えたアメリカがイギリス・西ドイツ・フランス・日本に呼びかけ、為替レートをドル安に進めることに合意をさせた。

しかし、この合意は、国際経済に大きな影響を与えた。日本では、「円高不況」と呼ばれる深刻な不況を生み出し、国内輸出産業や企業の競争率が落ちてしまった。この状況を打破すべく、日本政府が行った施策が「公定歩合の引き下げ」であった。

公定歩合とは、中央銀行が金融機関に貸し出しを行う際に、適用される金利のことである。当時は、5回に分けて実施された引き下げにより、公定歩合は、戦後最低の2・5％となった。公定歩合の引き下げは、資金調達が容易になったことを意味し、企業としては、「融資を受けやすい」というメリットがあった。実際、融資を受けて設備投資や事業拡大を進める企業が急増し、日本経済は一気に上向きとなった。

しかし、メリットにはデメリットが付き物で、日本不動産や株式への投資が、過剰に活発になったことで、日本の資産価値は、実体経済では説明がつかないほど高騰してしまった。その結果、平成3年にバブル経済と言われた好景気が泡のように吹き飛んだ。景気の後退は急速に都心部から地方に押し寄せた。

景気低迷が続く中、どの業界においても、「コスト削減」が大きな課題となった。特に人件費が利益を圧迫している企業が多く、雇用形態を検討する企業が増えた。正規社員の雇用を控え、パートやアルバイト、派遣社員等の採用が高まり、失業者が増えていった。

この頃には、勤続年数や年齢などに応じて役職や賃金が増加していく「年功序列」の人事制度が撤廃され、実力主義を打ち出す企業が増えた。「大学卒業後、最初に就職した企業で一生涯勤め上げる」といった日本企業独自の価値観が崩れ始めたのであった。

第2節　労働基準法改正に伴う新たな問題

現在、日本では深刻な人手不足に陥っている。求職者は、土曜日・日曜日の週休2日制、祝祭日・盆正月、リフレッシュ休暇制度の完備、有給休暇の自由取得できる環境を希望する人が、極端に増えた。

昭和22年4月7日に法律第49号として労働基準（労働条件に関する最低基準を定める法律として日本国憲法第27条第2項の規定（「賃金、就業規則、休息その他の勤労条件に関する基準は法律でこれを定める」）に基づいて労働基準法が制定された。

戦後に制定され、高度経済成長期まで施行された本法律は1週48時間労働制、すなわち日曜日だけ休日というのが常識であった。

しかし、世界各国から「日本人は働き過ぎだ」という様々な圧力の声がかかった。それにより、昭和62年9月に1週46時間労働制、1週44時間労働制とする特例措置を取り、段階的に、労働時間を減らしていくという改正が行われた。その結果、生産高を引き上げる長時間労働に急ブレーキがかかることになり、経済成長が遅れることになった……。

平成4年に労働基準法改正の施行が本格化し、平成5年から1週40時間労働制が、本格稼働することになった。

1週40時間労働制を定着させるために、政府は、時短奨励金を始めとする様々な助成金制度を導入した。これは、コンピュータを導入し、従前の業務の合理化を進める企業に、補助金を出すというものだった。購入費用までが対象となり、企業の大半はこれを活用した。社会保険労務士は、これらの補助金申請の代行を請け負った。

この頃から、助成金獲得額に対して成果報酬という形態の仕組みが流行し、助成金専門の社会保険労務士までもが誕生した。

開業間もない社労士にとっては、絶好の業務となった。助成金とは、政府の政策において早期に実現したい事項を実施するための、呼び水的要素が強い。

しかし、経営者は世の情勢を読み、政策を是とすると判断したとき、その利用を考える。補助金の予算は、基本的に国民や企業が支払った税金や保険料で賄われているため、経営者にとっては、貰うものではなく、取り戻す質のものなのであろう。

この1週40時間労働制となり、今27年が経過しようとしている。蟻のように働き、長時間労働によって、生産性を上げてきた結果がある。その後、労働時間の短縮・合理化の推進・雇用形態の多様化による人件費抑制で、付加価値を向上させてきた。しかし、この対策は人材教育を抑制させて、人材（人財）不足という問題を引き起こした。これに対し、日本はどのように対応するべきであろうか。

〈第1節及び第2節については、左記を引用し、記載〉

・https://job.mynavi.jp/conts/2021/tok/p/sonzaikachi/005.html（マイナビ2021企業の存在価値「企業」の歴史）

第3節　世界から遅れる日本

私は、平成30年6月から4か月間にわたり、単身フィリピン・セブ島に語学留学をしていた。フィリピンで働く人々の労働時間は、日本と同様にかなりの規制があるものの、最低賃金が極めて低かった。元々フィリピンはスペインの統治下にあったが、アメリカに統治権を奪われたことがあり、共通語として英語が存在している。

英語は、義務教育で学ぶが、その後の教育水準に格差が生じているため、相当数の若年労働者が働く場所を求めている。

留学中の休日、郊外を歩くと「ＩＴパークエリア」という場所があった。そこには、様々な会社のオフィスビルが建立されており、世界の国々の技術者が働いていた。

ある種独特の雰囲気があるその場所は、高所得者層のオフィスビルとその人たちが住んでいるマンションが群れを成し、周辺の公園、テニスコートに至るまで清掃や整備が行き届いていた。ここで働く人々の月収は高額で、街中で働いているフィリピン人とは格の違いを感じた。その横のエリアでは、ボロボロのシャツとパンツのみを身に着けた人々が横たわったり、群がったりしていた。これが所得格差の最たる現実なのだと実感した。

しかし、その人々の目は貧困に憂い、諦め濁った眼ではなく、どうにかして抜け出そうとするギラギラとした、ハングリー精神が詰まっているように感じた。そして、貧困であるにもかかわらず、若者の大半はスマートフォンを手にしていた。

ネット環境の設備が整っているわけではないが、Ｗｉ－Ｆｉの利用できるエリアを活用し、勉強や仕事を行っていたのである。このようなハングリー精神に溢れ、自ら行動できるエネルギーを持っている国は、優れた指導者が上に立つことによって、必ず頭角を現してくると感じた。

そして、決定的な違いが見受けられたのは、令和元年11月に中国・武漢で発生したと報告されている新型コロナウイルスに対する対応の早さであった。各国が対応に追われる中、フィリピンでは、既に電子マネーが普及しており、今回のコロナ禍で公共交通手段であるジプニーやタクシーの支払いが電子マネーに変わった。フィリピン政府のデジタル化に向けての急速な転換と浸透に、驚きを隠せなかった。

紙文化からデジタル化への波は、世界各国で広がっている。日本は、今回のコロナ禍という社会的疫病が蔓延することによって、ようやくデジタル化の進展が各国より遅れていることに気がついた。

そして、安倍政権から菅政権に変わった途端に、デジタル庁を新設し、デジタル化の推進に舵を切ることになった。しかし、遅れているのは果たしてデジタル化だけなのだろうか。逆に後退してしまったものも、あるのではないだろうか……。

日本にも、フィリピンと同じように貪欲さやハングリー精神を目にすることができた「高度経済成長期」という時代があった。この時代を支えた時の日本人は、忠誠心とともに「自身が原動力になるのだ」という自責感を持ち、眼がギラギラしていただろう。フィリピンの人々の眼が、ギラギラ輝いているのを目のあたりにすると、途轍もない、危機感を感じて堪らない。

第4節　本当の意味での「自助」とは何を指し示すのか

令和2年9月、「自助・共助・公助」という言葉を、頻繁に聞くようになった。しかし、世界の国々は、元々、自助をして今日《こんにち》に至っている。自分ですべてのことに対し、何とかしなければならなかったのである。それは、自立行動と自己責任の世界であり、自分でできないことがあったときは、共助して協力者を求めてきた。

それは、ボランティアもあれば、対価を支払い、助けてもらうという方法もあった。これらの方法しか無いことは常識である。

そんな世の中で唯一、無償で助けてくれるのが、公助である。ただし、公助は国民の税金によって賄われている。国税を納めることが、国民の義務となっている今、厳密にいえば無償ではないのである。

どれだけ苦しくても、辛くても、この世の中に無償で得られるものなど無いと、早々に認識すべきなのだ。この認識が、今の日本人には希薄になっていると感じる。

新型コロナウイルスの蔓延の中で、今の日本人の考え方が浮き彫りとなってきた。自衛は、従前より凄く適切に行われてきた。このことは、非常に評価できるだろう。

一方で、新型コロナウイルスに感染した人に対する誹謗中傷は酷いものだった。地方に行けば行くほど、強烈に醜悪だった。

「感染者は隔離しろ」「誰が感染しているのか、公表しろ」

「感染者の勤務先は、どこなのか」

「感染した家族は濃厚接触者のため、その人たちの職場はどこなのか」

「そこは消毒したのか」「休業しているのか」

そのような声で溢れかえった。

ネット社会の弊害によって、自宅や個人情報が突き止められ、引っ越しを余儀なくされたケースもある。「自分だけ良ければよい」「自分たちだけ良ければよい」「自分の地域から出ていけ、入ってくるな」。そこには、自助・共助・公助というものは無く、人間の利己主義が表面化されていた。

自助とは、自分だけが、得をすればよいというものでは決してない。自分で、責任を持った行動をとるということである。労働基準法の改正に伴う働き方改革が、「自己のためだけに」という思考に至らしめ、利己主義的に物事を考える人が増えたのであれば、それはもはや哀れとしかいえない……。

昭和の時代、日本国民は貧しい中でも、他者への気配りや接し方に思いやりがあった。それは決して甘やかしといった施しではなく、自身で立つことができるように声かけを行うという方法であった。これのどこが思いやりなのか理解できない人は、利己主義的考え方に寄っているのではないだろうか。「己で立つことができるように声をかける」というサポートの方法は辛く、厳しいものである。しかし、その厳しさが将来その人を助けることに繋がる。これが、本当の思いやりというものであろう。

令和の現在は、拝金主義にとらわれすぎているのではないだろうか。近年、常に唯物論的発想で物事が進められているように感じる。定額給付金や持続化給付金をはじめ、この度の補正予算は90兆円以上に及んでいる。世の中には、給付金詐欺を行い、不正受給をしている人たちも多く見受けられた。事の善悪が判断できない人々が増加し、迎合主義に成り果ててはいないだろうか。改めて、自助とは何を指し示すのか各々考えてほしいと思う。

第5節 企業は、経営者と従業員の尊重の上に成り立つ

従業員個人の主張が聞き入れられなかった過去を背景に、労働組合が設立された。そして現在、個別労働紛争に対する制度と仕組みが整備され、従業員1人でも会社を相手に交渉や訴訟を行えるほどに労働環境は変わった。

従業員は、インターネットを通して、即座に最新情報や法律・規則、事例を知ることができる。労働条件・労働環境は、従前と比べて非常に良くなったといえるだろう。

一方で、自身の置かれている環境が日に日に変化し、自身に不利だと判断した時、利己的発想・唯物論的手法を取ろうとする事例を見ることがある。今では、経営者が「従業員を使ってやっている」という言葉を声に出す人は

いなくなった。

　しかし、心の中では従業員を犬のように思っている人も、一定数いることだろう。

　飼い犬に手を噛まれるという言葉があるように経営者と従業員が共にルールを守り、尊重しないと成り立たない世の中になってきていることを理解しなければならない。


《平成29年12月に、広告代理店電通の社員であった方が、長時間労働により自殺した。事件から9か月後に、労働基準監督署は長時間労働によってうつ病を発症したことが原因だという判断を下した。この事件がきっかけとなり、改めて「過労死」について注目が集まり、平成30年に働き方改革関連法が成立した。時間外労働の上限規制や有給休暇の消化義務など、長時間労働を是正する一定の抑止効果が期待される施策がとられた。》（上記《　》内は、日経ビジネスより引用）

そして、労働基準法が改正され、有給休暇の強制取得5日が始まって、1年が経過した。この1つの事柄についても、会社は5日間の有給休暇を取らせるように経営改善に努力しなければならない。中小零細企業にとっては、並大抵の努力では行うことができず、従業員と協力しながら実施しているのが現状である。

その一方で、従業員はこの改正を契機に5日間の有給休暇取得だけではなく、与えられた有給休暇の取得届に「有給休暇消化のため」と理由付けて請求をしてくる。

権利の主張をすることは、何も悪くないし、間違ってもいない。しかし、権利の主張を前面に押し出してくる傾向が強くなっているこの現状はいかがなものだろうか。そして、権利を主張する以上、それに見合うだけの義務の履行ができているのかどうか、改めて考えてほしいところである。

このような従業員の思考の変化を経営者は認識し、経営をサポートする社労士は、その対応に最善を尽くさなければならない。

前述したデジタル化の波は、近い将来、必ず社労士をはじめとした士業また経営を行うすべての企業にとって巨大な波となって押し寄せてくるだろう。

第6節　電子化により広がる自由と問題

現在、私の事務所では、顧問先との労務管理契約を締結することで、顧問先企業が行う、労働社会保険諸法令に基づく各種の事務手続きをほとんどすべて受託している。例えば、従業員の雇用後の健康保険証の取得・雇用保険の取得など、すべて電子申請である。

業務上災害が発生したときの労災申請なども電子申請である。年金機構や監督所・ハローワークなどに関する企業の必要事務処理は電子申請で実施している。給与計算から振り込みに至るまで電子申請・電子処理により完結しているのである。これは、社労士業務のプレイスエリアが全国どこでも対応できるように、拡大されたことを意味する。マイナンバー制度が導入され、資本金1億円以上規模の大企業は、これらの行政文書の提出に、電子申請をすることが平成31年4月から義務付けられ、実施されている。これから開業しようとする、また、開業間もない社労士が、これらのシステムを使いこなせるのか、また投資的経費としてお金を充当できるのか、疑問が残る。

そして、電子通貨の進展の問題がある。日本人の電子通貨の利用は、世界と比較したときに非常に遅れている。2年ほど前から、ようやく様々な電子通貨を構築したアプリが登場してきた。例えば、「ＰａｙＰａｙ」や「ＬＩＮＥＰａｙ」などである。現物通貨を電子通貨に変換し、支払いや受け取りがモバイルで行うことができるようになった。現物通貨のチャージも外部端末や、自身の銀行口座と連動することができる。チャージ限度額も徐々に引き上げられ、非常に便利となった。

飲食店で食事をした際や買い物に行った際に釣銭間違いは起こらず、支払いも早く、後で支払い明細を確認することもできるのである。この電子通貨の進展により、今回のコロナ禍の飲食や買い物の支払いの際に、接触せずに支払いを行えている。ここまでの話では、良いこと尽くしであったが、一方でこのデータの管理は大丈夫だろうかという心配の声もある。昨今、情報漏洩により個人情報が洩れるといったニュースが、後を絶たないのである。新しい文化を取り入れることによって、様々な問題は発生するのが付き物ではあるが、それが早々に改善されることを期待する。

第7節　労働環境完備の対応策

1週40時間制の労働時間は定着してきたが、あくまで週平均であり、土曜日・日曜日・祝祭日が休日というものではない。製造業や建設業など対人的サービスの提供の極めて少ない業種では、生産施工の工程計画を組むことにより、休日とすることが可能となるだろう。

一方、ホテル・旅館・飲食店等の対人サービスを主とした業種では不可能である。しかし、現代の若者は、就業先会社を選択する際、土曜日・日曜日の週休2日制、祝祭日・盆正月、リフレッシュ休暇制度の完備、有給休暇の自由取得できる環境などの優先的要件が強い。そもそも現在の日本の労働力人口は不足し、労働時間数も減少しているので、日本の総労働時間数は当然減少する。

　政府は、量的生産性から質的生産性をより向上させることで、日本のGDPを引き上げなければならないと考えるが、至難の技である。では、将来の労働環境はどのように変化していけばよいのだろうか。

　熟考の末、不足している業種を中心として企業に、国は外国から労働者を調達する考えを導入した。技能実習制度に特定技能制度を追加・導入することによって、海外からの労働者をより雇用しやすくしたのである。

　その結果、企業内には、外国人労働者が日常的に働き、日本人と混在することになるのである。当然、そこでは、社員同士のコミュニケーションが必要となり、世界の文化や慣習・思想に触れあう多様な感性が求められる。

　令和2年1月、事務所の従業員と共にフィリピンの首都・マニラのマカティ市を訪問した。到着は深夜23時頃であったが、翌日には業務提携をしている会社で、当事務所の新規雇用従業員（フィリピン人）の採用面接を予定していた。

時代という波に乗り遅れることなく、新たな発展を求めるのであれば、「常に変革を求めることが重要」ではないかと考えたからだ。日本人の変化を嫌う性質上、難しいことではあるが、日本の将来の労働現場には、外国人労働者を雇用する企業が、必ず増加する。そしてそのサポートを私たちの事務所が行うためには、外国人を直接雇用することが必要であると考えた。

第8節　ＡＩ・ＩoＴ・５Ｇが当たり前になる時代

ＡＩの開発に伴い、金融面では、銀行の統廃合が進行し、金融機関の業務も様変わりしてくると考える。お金の借入れであったり、信託であったり、証券取り扱いなどが一体化し、ＡＩに置き換えることのできる業務は消滅するだろう。

つまり、間接金融から直接金融へと、展開するものと考える。その根底で進んでいるのは、電子マネーの取り扱いであり、全国または世界共通のアプりの開発の存在である。国の規制がかからなければ、世界共通通貨の出現もありうるかもしれない。

生活面では、ＡＩが日常化し、電気のスイッチは音声感知となり、掃除・洗濯はロボットが行うようになるだろう。そして、エコが進み、脱・炭素化から水素エンジンの車や航空機なども出現することだろう。

５Ｇの普及に伴い、在宅ワークがさらに進み、世界中のどこにいてもミーティングや商談が直接会わずとも完了し、契約まで完結するだろう。そこには、ＡＩやＩｏＴに関係する業務は、加速度的に合理化されると同時に、それらを使いこなす人や分析するシステムスキルやデータ解析スキルを所持する人が、要求される。そのスキルを持った人たちは、今後の人類にとって高度な付加価値人材となり、自身の生活を向上させることになるだろう。

一方で、ＡＩやＩｏＴ、５Ｇの業務に関連しない人的感性を中心とする業務（例えば医者や介護士等）は、さらに五感や六感を高め、人の身体的アプローチや精神的アプローチから、その立ち位置を確保し、付加価値を高めて、生活の安定を図ることが必要になるだろう。

第9節　未来の社労士とは、「道を指し示す道標役」である

未来の社労士は、人に携わる仕事をし続け、日本の労働関係法令の事務手続きを中心とする業務に加え、世界的規模で物事を考えられるスキルを、身に纏う必要があると考える。

身に纏うスキルとは、様々であるが、SNSなどに対応するスキル、多種多様な法令、文化、慣習に対応できる感性、言語能力、「人の世」という普遍性に対する探求心スキルなどがあげられる。

令和元年11月に中国・武漢から発生したと報じられている、新型コロナウイルスの感染は今だに猛威を振るい、世界の国々の人が、恐怖と不安にさらされている。

資本主義中心の経済循環は、お金獲得のために様々な手法が講じられ、お金を中心に世界が回ってきた。そして、個人主義的な、利己主義者が横行し、

身勝手に行動した。

しかし、今の状況を、お金によって打破できるのであろうか。ワクチン開発に投資することはできるが、お金を支払うことによって、このウイルス感染を止めることはできない。

結局、どこまでいっても、「人を助けることができるのは、人でしかない」のである。この世界は、人が作り、人が統治し、人が人を助けて、人によって形成されてきている。

よって、これから「人」に、注目が集まってくると考える。「人」を中心とする、世の扉は開かれようとしている。その一端を担うことになるのが、SNSやAI、IoTの技術の発展だろう。これらの発展により、今や常に世界中の人々と、繋がっている。

そして、ゆくゆくは、プライベートまたはビジネスを通して、言語、文化や慣習などが異なる人々と、繋がっていくことになるだろう。その時、当然対応できるスキルがなければ、世の流れから置いて行かれてしまう。スキルは1日にして得ることは不可能だろう。

しかし、「若くして学べば壮にして成すことあり、壮にして学べば老にして衰えず、老にして学べば死して朽ちず」という言葉の通り、我々社労士もその知識の涵養《かんよう》は、日々努力なのである。

労働関係法令だけでなく、世界の法令や文化、慣習、多様な感性に触れ、自身を磨く必要があり、学ぶべきものが多くて大変である。

しかし、資本主義経済環境の社会で、世界を相手に起業する経営者や世界中で働く従業員の幸福を探求し、その実現のために、アドバイスをしていく使命を未来の社労士は果たさなければならないと考える。

社労士は、「個人の利益獲得のためではなく、この世に存在するすべての人のため、世のため」という考え方を前提とした生業である。

だからこそ、日本の社労士は、「自身を内観するスキルを身につけ、いつ何時《なんどき》も揺らぐことのない、自身の柱を身に纏い、善悪を判断しなければならない。その上で、この世界の人々の生活の安寧を願い、その道を指し示す、道標役とならなければならない」。

第10節　経営者の条件

経営者には、2つの成り立ち方がある。1つは創業経営者であり、もう1つが後継経営者である。後継経営者は、さらに2分化され、創業者のオーナー経営者と雇われ経営者である。これらの経営の成り立ちにおいて、善悪は無いが、それぞれ特徴がある。

創業経営者は、「自らのスキルを活かし、この世の中に役立てる物や事を提供し、その対価として収益を得る」。

これらを繰り返し、持続継続する企業から継続・拡大し、展開していく。この意志は強固であり、経営者によって、それぞれの経営哲学を身に纏い、事業展開していくため、独特の癖のある人が多い。

しかし、この独特性こそが、所謂カリスマと呼ばれるものであり、創業者が身に纏っているスキルの1つであると考える。創業後、事業展開をする中で、雇用管理や物の調達、これらに付随する資金の調達が必要となり、試行錯誤しながら、毎日、崖の端を歩いて暮らしていたようなものだろう。

一方で、後継者経営者は、創業者が築き上げた経営理念や会社組織を引き継ぎ、次の展開へと進める役割を持って、経営をスタートする。引き継ぐタイミングにもよるが、負債まみれの会社を引き継ぐことになると、スタートの時点で、財政的には躓きかねない。

そして、創業者時代に築かれた既存の取引との信用は、代替わりすることによって、契約を打ち切られたり、業務委託の解消をされたりして、会社の屋台骨が揺らぐ。それは、そもそも経営者ではない人が、経営者の椅子に座ることに原因がある。

経営者とは「経営の理念がある」「経営方針がある」「経営の計画がある」「経営の実行力がある」「経営に決断力がある」「経営の数字が読める」というのが前提で成り立っている。この中で1つでも欠けていれば、それは、経営者たる器ではないのである。

雇われ経営者の存在は、中堅・中小企業では、あまり見ることがない。その大半は、大企業に存在しているのであろう。

組織が強固なものとなっており、投資家（株主）と経営者（取締役）が完全に分離して、株主資本主義の典型であり、組織によって、機能しているのである。

どのような組織でも、トップの人材によって、その組織の善悪は評価される。組織の中の人材は、トップの判断により成長することもあれば、衰退することもある。では、経営者の器ではない人が、トップに立ったとき、どうなるかは一目瞭然であろう。その組織は停滞し、衰退し、崩壊する。それは、国や自治体、会社、各種団体すべてにいえることである。

以前、「私は会社の社長になりたい」という人がいた。「なぜなりたいのか」と問いかけると、「恰好いいから・お金が稼げるから」といった、子供じみた言葉が返ってきた。

再度「社長になって何をするのか」と尋ねると、返事は無かった。経営者になりたいと思う人が、この思考では、非常に困る。

経営者になろうとする者は、組織の将来像を示し、その将来像に向かって計画を立て、方針を決め、日々努力し、実行に移さなければならないからである。組織のトップは、その使命と責任を強く認識し、果たさなければならない。

雇用主と従業員の関係は、日本国憲法が制定され、労働基準法や労働契約法といった法律が施行される今日に至り、主従関係は薄れた。

雇用者は強者であり、従業員は弱者という構図も随分と薄れたことだろう。経営者は、「従業員を使ってやっている」という傲慢な意識からステップアップし、役割認識が高次元へと進みつつある。金銭欲のために雇用するのではなく、社会貢献や組織実現へと変貌してきた。もちろん、そうではない組織のトップも存在しており、その配下にいる従業員は不幸と言わざるを得ないであろう。

未来の経営者像は、組織の将来像を明確に指し示し、実行できる決断力と行動力を備えた人である。

決して、スーパーマンを求めているわけではなく、コツコツと、地道に積み上げることができる人を求めている。

第11節　未来を生き抜く己の付加価値の追求

労働基準法や労働組合法など、弱者保護を目的とした法律の制定により、「従業員は、弱者である」という考え方は、変化しつつある。そして、強制労働や労働の中間搾取禁止なども定められ、労働者の働く環境は、法規制の下に改善されてきた。

法律が制定されることにより、権利主張が激しくなり、労働紛争が今日では多発するようになった。

一方で産業の変化は慌ただしく、第三次産業革命といわれた、コンピュータの出現により製造業を中心に構造転換が行われた。合理化は加速し、労働者の削減が行われ、第三次産業から第四次産業である、サービス業へと労働者の移動が、始まった。

就労条件は多種多様に変化し、正社員の雇用形態だけではなく、人件費が抑制できる非正規社員が重宝されるようになった。労働者の移動は、製造業に従事していたすべての人が移動したわけではなく、その就業場所で就業ができなくなった人たちが、移動したにすぎない。これを機に独立したり、業種転換を考えたりした人もいるだろう。

昨今、ＡＩやＩｏＴ、５Ｇが発展し、ロボットが製造業、サービス業に介入して更に、医療診断をする時代に突入した。当然、ロボットは完璧ではないが、人間が手作業で行う単純作業は、ほとんどできる状態になった。そして、何よりコストがかからず、疲れを知らない。

これ以上に、使い勝手のある労働力はあるだろうか。労働集約的な製造業やサービス業の一部の労働はもちろん、事務的な業務は確実にロボットが行うことになるだろう。最たる所は、公務員の事務管理部門だが、公務員は既得権を主張し、転換できないと言うであろう。では、民間の会社員は、どのように対応するだろうか。労働集約型ではない、知識・知恵労働型へ転換する必要がある。

以前までは、単に業種を転換すればよかったが、今後は、労務の提供が肉体的なものから知識・精神的なものへの転換が必要であるため、そう簡単にはいかない。そのためには、AIやIoT、5Gに対するスキルを身につけ、それらを扱う側に立つか、それらとは関連しない人的感性を中心とする業務を行うために、五感・六感を高め、己の付加価値を上げるしかないだろう。このどちらかの選択ができて、初めて新未来の労働環境に適応する人材になれるといえるであろう。

労働の価値基準は、固有の環境によって差異があるが、マズローの5大欲求のピラミッドは、人の成長過程で積み上げる階段の壁だと考える。すなわち、生理的欲求・安全の欲求・社会的欲求・自我の欲求・自己実現の欲求である。物理的欲求と精神的欲求の区分は、社会的欲求からだとされるが、そこには心の余裕が必要である。よって、この余裕を得るために準備と教育訓練を行った上で、自身のスキルを磨き、固有の能力を身に纏う必要が出てくる。

従業員は、会社に従事することにより、その対価である賃金を受け取り、生活を成り立たせている。その生業のために、なぜ努力しない人が増えているのか。

近年、努力や根性といった言葉を使わなくなったが、疑問を感じる。権利の主張はよいが、義務の履行をしていない人ほど主張を強める傾向にある。そして、簡単に「できません」という言葉を使う。できない理屈を並べる前に、できる方法を模索し、努力できることはあるはずである。「根性があれば、何でもできる！」や「努力が足りないから、成績が伸びない！」といった古来の考え方は、過労死などの問題を引き起こしたため、推進しないが、以前の日本人が持っていたバイタリティーやハングリー精神を取り戻さなければ、生きていける時代ではない気がしてならない。

おわりに

時代の移り変わりとともに、世の中の在り方は随分と変わった。暮らし・思想・権利欲求の変化である。ＡＩやＩｏＴ、５Ｇなどの技術発展により、今では世界中の人と交流することが可能となった。

便利となる反面、１人の権力者やお金をばら撒く権力者に迎合する、意思を持たない迎合主義者が多くみられるようになった。

それは、現在の若者が、学生時代に、

「国の統治や国民の暮らしが、政治によって決められていること」

「世界経済が、どのように機能し、日本経済の現状はどうなのか」

を学ぶ機会が、極めて少なかったために、政治に無関心になった結果ではないだろうか。

現在の日本は、超少子高齢化社会に突入し、労働力人口は激減の一途を辿り、年金医療福祉の財源を確保することができなくなった。日本の政治家は、この状況下においてもなお、年金給付減額の見直しや介護制度の見直しなど、高齢者の負担が増える制度設計に、手を付けない。それは、高齢者の制度改革を行うことによって、選挙で落選することを恐れている専属第一主義者ばかりだからである。

私たちは、常に法律・法令・規則・条例を守りながら、生活することを強いられているが、これらを制定しているのは、政治家である議員たちである。それにもかかわらず、選挙の投票率は低迷し続けている。私たちの暮らしにはすべて政治が絡んでいることを強く再認識しなければならない。

国の教育システムは、その時代に活躍できる人材を創り出すことを、目指してきた。今般、学習指導要綱が大きく見直されたが、指導者の教育手法は、転換できているのだろうか。現在の労働現場では、一方通行記憶型形式の教育の歪みが、問題となっている。

例えば、業務が止まっていたため、「なぜ仕事をしないのか」と声をかけても、「聞いていない」「教えてもらっていない」「指示を受けていない」と返ってくる。せめて、報・連・相くらい、できないのかと、誰もが憤慨するのではないだろうか。このような労働者を、多く輩出してしまった日本の教育システムには、重大な問題があるだろう。
国は、そのことにようやく気づき、転換しようとしているが、教育には時間がかかる。教育に携わる多くの人々が、これから日本を支えていく労働者を作り出していくために、高度なスキルを持った指導者が、具体的に現場に立って実践すれば、その時間は短縮されることであろう。

地方自治体運営において、高齢者を中心とした議論をする中で、「私たちの生きているうちだけ何とかなったらよい」という発言をよく耳にする。次の世代のために、より良い未来のある日本を引き継ぎたいとは、思わないのだろうか。年を重ねた人の発言とは思えない、悲しみと寂しさに落胆した。元来、日本人は和を尊重し、他人を思いやる精神を古来より纏ってきた。これは、世界でも類を見ない、日本人固有の特徴であろう。常に主体を自身に置く外国人との違いの1つでもある。

しかし、資本主義の根底にある、お金の獲得に翻弄され個人主義的利己的主義者と成り果て、本来の日本人のあるべき姿を見失っているのではないだろうか。高齢者や壮年者は、先を生きる者として、次の時代の創り手となっていく人材を育てていく使命を負っているのではないだろうか。今一度、人のあるべき姿を考え、日本人が誇りとして持っていた魂を思い出して欲しい。

本著書の執筆にあたり、開業から30年という年月を振り返ってみると、様々な出会いの上で、今の事務所が成り立っていた。その代表と言えるのがK氏との出会いだろう。

私は、元々経営管理の実務経験があったため、社労士の業務も経営管理の一部にすぎないという持論を持っていた。そして、「人・物・金・情報」の経営資源の全体像を把握した上で、「人」に関するコンサルティングを実施すべきであると考えていた。

問題が発生したとき、どこに問題があるのかを見極め、軽微に解決できる方法を考え、提案することが社労士の役割であった。例えば、退職した従業員が、賃金未払いに対する労働紛争を起こしたとする。この時の原則は、「未払い分を計算し、支払ってしまい、退職した従業員とは争わないこと」である。

目先の利益よりも、提案の負担が大きいと判断したときは、負担の小さい状態で完結させることが基本なのである。顧問先の負担になるようなことは、決して提案してはならないのである。

Ｋ氏との出会いにより、社労士の基本である解決策と根拠を見出す手法を知り、それにより、社労士としての、業務の幅が一気に広がった。彼と出会えたこと、そしてこれまで教示いただいたことに、改めて感謝したい。業務の幅が広がったことで、開業時の目標の１つであった、従業員の雇用に漕ぎ着けることが可能となったのである。

社労士事務所の事務員は、多くの法律に則り、手続きを行うため、一般事務よりも高度な能力を求められる。その上、給与計算を主な仕事としているため、間違えられないプレッシャーとたびたび改正される法律に振り回される。日々新聞を読み、事務員自身が勉強しなければ、顧問先とやり取りすることもできない。そのような状況にもかかわらず、給与は一般的に高くないという随分割に合わない業種の１つである。

そして、その環境下でも、私は、事務員に対し「田舎にいても、グローバルな考え方や感性を備えることが必要だ」と伝え、要求してきた。事務所の経営的・財政的な観点から大規模な労いを行うことはできないが、開業から今日に至るまでに、13回程度海外に出かけた。慰安旅行兼研修も兼ねていたので、現地での労働環境や条件など学ぶ機会を、最低でも半日以上は設けたが、それ以外は、ほとんど自由行動の旅行である。

海外の人たちと直接コミュニケーションを取り、文化に触れることは、とても大切な事であり、外からの刺激を受けることにより、気分転換の一種になっていることだろう。

このような取り組みができるのは、割に合わない仕事であるにもかかわらず、絶え間ない努力と協力をしてくれる、従業員のおかげである。今後も他民族との触れ合いの場を作っていきたいと思う。

そうすることによって、各々の仕事と見識は広がり、付加価値の上昇に繋がっていくことだろう。一人一人の従業員の努力と協力が、事務所のさらなる向上に必要である。そのために、労働環境の改善と労働に対する意欲向上、並びに対価の向上に努める次第である。今日に至るまで努力を欠かさず、事務所を支えてくれたことに感謝し、今後も助力してくれることを願う。

人生論の中でお世話になった先輩のことについて触れたが、その方以外にもかけがえのない友が、私をこれまで支えてくれた。彼らと出会ったのは、中学生時代である。

最初は、その時々に友達ができ、意気投合して何かに打ち込んだり、楽しんだりする程度の仲であった。その関係性が変わったのは、私が23歳で結婚した時である。お互いの顔は知っていても、それぞれは初めての出会いだったかもしれない。

ただの友達が友へと変わり、彼らとは、その後も継続して付き合い、共に旅行に行ったり、家族ぐるみでＢＢＱをしたりと楽しく飲んだり、食べたり、笑ったりした。時には激しく議論したり、激怒して、胸倉を掴んだりしたこともあった。お互いが、親身になって励まし合い、協力し合って成し遂げたことも多くあった。

その中でも、一番忘れることができないのが、議員選挙である。彼らにとって、何の得も無いにもかかわらず、友だからという理由だけで、無償の友愛を貰った。自分のこととして活動し、知力と労力を使い、激しく、気高く、共に戦った。

最後の選挙運動最終日の午後8時に、大の男が揃って円陣を組み、恥ずかしげもなく泣いた。議員になってからも、彼らは応援し続けてくれた。ある時はメールで、ある時は電話で「議場でギタギタに暴れろ」「規律を正すためにしっかりやれ」「嫌われても町民のためになることをしろ」「言いたくないことでも言うのが、役割だ」「後ろには自分たちがいるから、安心してやれ」「骨は拾ってやる」と言ってくれた。

町長選で落選した時、多くの負担と迷惑をかけてしまったにもかかわらず、いつも気遣って傍にいてくれた。

これから先、さらに迷惑をかけることもあるだろう。近いようで遠い、遠いようで近い存在が友であるだろう。私にとって、かけがえのない友は、いつまでもD氏・W氏・I氏・N氏・K氏の5人である。どこまで生きられるか、生かされるかどうかは分からないけれど、友とその家族が健やかで、平穏な温かい暮らしができることを心から願う。本当に感謝してもしきれないかけがえのない友である。

本著書の執筆にあたり、自分の人生を振り返ってみたが、常に我儘で、自分本位な決定をしてきたと思う。妻をはじめとし父、母、子どもたちは、その決定に対して幾度も困惑し、驚いたことだろう。そして多大なる心配をかけた。「常に自分で判断し、決断し、行動してきた」というと聞こえはいいが、それはすべて家族の協力があったから、できたに他ならない。

社労士と議員の二足の草鞋を履いていた時、妻が、胆嚢全摘の腹腔鏡手術を行った。本来であれば、最初から最後まで付き添い、傍で見守りたかった。しかし、その手術の日は、皮肉にも、議会の日と重なってしまった。

公職についた時点で、議会の活動や議論、審議を怠るわけにはいかなかった。それは、町民の方一人一人が「私に町政を任せる」と選んでくれたからである。そして、税金から報酬を貰っている以上、1円足りとも、無駄にはできないと常々自分に言い聞かせていた。

初めて全身麻酔を行う手術をする妻を、1人手術に向かわせてよいのだろうかと酷く、葛藤した。しかし、妻は「自分で手術に行って、帰ってくるから」と私に告げた。結果として、私は、議会を優先してしまった。当然、見舞いには行ったが、妻は「何という人だろう！」と内心では、嘆き怒ったことだろう。

何かに躊躇し、決断を下しきれないとき、妻は必ず背中を押してくれた。開業を躊躇する私には「やってみたら」と言い、妻と議員としての使命を天秤に掛けることに躊躇する私には、彼女に考えを先に告げられてしまう。傍からしたら、「なんて情けない男」だと感じるかもしれない。

妻は、その時々に覚悟を決めているのだろう。小さな山奥の町から都心部の企業を管理するとなると、出張は頻繁となる。妻は、事務所の副所長として事務所を支えてくれていたが、家庭を守る家族の負担も大きくなっていたことだろう。

正面から風を切って突き進む者の苦しさや厳しさを、支えてくれる者たちも同様に受けていることを私は知っている。それでも支え続けてくれる家族に、心の底から感謝する。

若き時には考えもしなかったが、ようやく「健康管理」について考えるようになった。私自身の健康管理はもちろん、家族の健康管理について、考える時間が増えた。私は、令和3年の間に、10年先の自分と家族の姿を描いてみようと取り組んでいる。

家族みんなが健康で、笑顔で暮らしていることが一番だと思う。そのための場所や環境はどのようにあるべきなのか、私が成すべきことは何なのかを、具体的に描けずに日々模索している。

23歳で結婚し、28歳で独立・開業して、妻と二人三脚で歩みだした事務所も30年を迎えようとしている今、私は「守ることのできる柱」になりたいと思っている。

それは、「家族とこれから増えるだろう家族たち」「事務所の従業員の生活」「顧問先の経営」「地域の人々の安心」などである。これらすべてを守りたいというには、少々、傲慢な考えであり、自惚れた勘違いかもしれない。しかし、この世に生かされている人は、少なからず、何かを守って生きている。私は、お金持ちになりたいとか贅沢をしたいとかは、あまり思わないが、「何かを目標として挑戦し、その戦いの末に、苦しさから解放された瞬間であったり、目的が達成されたときの一瞬であったり、一息ついたゆっくりと流れるひと時の幸せや豊かさを感じること」だけは欲しいと思う。そのために、家族にはこれから先も、迷惑と負担をかけていくことになるだろう。これまで支え、助けてくれたことに、深く感謝し、これから先の未来も一緒に生きていきたいと思う。

最後に、本著書の出版に携わってくださった編集者の方をはじめとするすべての方々、及び本著書を手に取り、ここまで読んでくださった読者であるあなたに、心から感謝する。

制作協力　小牧由佳

【著者紹介】
小牧義昭（こまき よしあき）
平成3年　小牧社会保険労務士事務所を開業し30年となる。この間労働保険事務組北京都経営労務管理協会を設立し、平成10年には有限会社レイバーを立し取締役となる。数多くの企業経営労務の切り口から企業存続と維持・発展の指導にあたる。一方ではNPO法人の理事長や町議会議員や学校法人監事などを歴任し広く社会活動も行ってきた。
資格　特定社会保険労務士・衛生管理者・Japan Trading Business Association 等

無《な》いない尽《づ》くしの社労士《しゃろうし》人生《じんせい》　その将来《さき》に描《えが》くモノ

2021年5月14日　第1刷発行

著　者　　小牧義昭
発行人　　久保田貴幸

発行元　　株式会社 幻冬舎メディアコンサルティング
〒151-0051　東京都渋谷区千駄ヶ谷4-9-7
電話　03-5411-6440（編集）

発売元　　株式会社 幻冬舎
〒151-0051　東京都渋谷区千駄ヶ谷4-9-7
電話　03-5411-6222（営業）

印刷・製本　中央精版印刷株式会社
装　丁　　弓田和則

検印廃止

Printed in Japan
ISBN 978-4-344-933330-0 C0095
幻冬舎メディアコンサルティングHP
http://www.gentosha-mc.com/